本书受首都经济贸易大学北京市属高校基本科研业务费专项资金（QNTD202206）资助。

························· 李 雪 著

ZHONGGUO HUOBI ZHENGCE
CHUANDAO JIZHI ZUZHI YANJIU
GONGJICE JIAGE NIANXING SHIJIAO

# 中国货币政策传导机制阻滞研究

## ——供给侧价格粘性视角

经济管理出版社
ECONOMY & MANAGEMENT PUBLISHING HOUSE

图书在版编目（CIP）数据

中国货币政策传导机制阻滞研究：供给侧价格粘性视角/李雪著．—北京：经济管理出版社，2022.6

ISBN 978 - 7 - 5096 - 8482 - 5

Ⅰ.①中… Ⅱ.①李… Ⅲ.①货币政策—研究—中国 Ⅳ.①F822.0

中国版本图书馆 CIP 数据核字（2022）第 099559 号

责任编辑：张莉琼 李光萌
责任印制：张馨予
责任校对：王淑卿

出版发行：经济管理出版社
（北京市海淀区北蜂窝 8 号中雅大厦 A 座 11 层 100038）
网 址：www. E - mp. com. cn
电 话：（010）51915602
印 刷：唐山玺诚印务有限公司
经 销：新华书店
开 本：720mm×1000mm/16
印 张：10.75
字 数：163 千字
版 次：2022 年 7 月第 1 版 2022 年 7 月第 1 次印刷
书 号：ISBN 978 - 7 - 5096 - 8482 - 5
定 价：78.00 元

# 前　言

在经济新常态下，结构性矛盾集中表现为供给体系不能适应产业升级和消费升级的需求，习近平同志多次强调要"加强供给侧结构性改革，着力提高供给体系质量和效率"。金融业恰好存在着成本高、效率低等严重问题。明确金融业在供给侧结构性改革中的新定位，"金融服务实体经济"的本质不是狭义地认为实体经济具有超主导作用，而应该明确这一金融本质背后的前提条件是遵循金融市场运行规律，扩大金融的有效供给，而不是继续抑制金融要素的供给。从我国过去的实践来看，部分领域忽视资金价格与成本，形成大量产能过剩与库存，这些给我国经济运行带来了沉重负担，不难说这与扭曲的金融无效供给密切相关。供给侧结构性改革就是要重新改变资源的配置来提升效益，关注由需求侧"原动力"引发的供给侧响应及适应机制。因而，从供给角度考察货币政策的传导机制至关重要。为此，我们不仅要从源头上引导金融资源流向重点领域与薄弱环节，畅通信贷资金传导渠道，还要对货币政策定向调控过程中的影响因素进行探讨与评估。

本书在提出货币政策传导阻滞问题的研究背景之后，对部门价格粘性和货币政策之间的响应机制的相关文献进行了回顾与评述，搭建出我国货币传导机制的理论研究基础。随后，对我国货币金融环境和货币信贷政策的现状进行了分析，指出目前我国货币政策承担着既要兼顾总量，又要进行结构调控的重任，货币政策调控框架的转型难度较高。在实证研究中，对我国货币政策的有效性与我国行业价格粘性进行了测度。其中，有效性的判断侧重于不同货币政策工具的信贷调控功能和长短期利率之间的传导效率。然而价格粘性则着眼于中观层面，分类测算了不同行业的价格粘性指标，判断了行业价格粘性高低所依赖的制度条件与行业特征，并对行业价格粘性与总量价格粘性进行了横向与纵向的比较；然后，构建价格粘性与货币政策存在关联的理论分析框架，从货币传导机制有效运行所依赖的条件着手，运用行业证据进行实证设计来检验行业价格粘性在货币政策传导机制中的作用程度，并提出价格粘性是货币政策短期非中性的内生变量，也是外生冲击导致名义扭曲的关键原因。从中观层面探索货币政策供给效应中调控行业结构的重要功能，为货币政策结构性转型提供新的依据。

在对货币政策传导有效性的检验中，从国债收益率角度，充分考虑我国货币政策转型期混合采用政策工具等特殊特征，着重考察了不同类型货币政策在收益率曲线长短端的传导效果。基于微观与宏观两个维度刻画收益率曲线的经验结果显示，收益率曲线的变化受货币政策的影响，且不同类型货币政策工具对收益率曲线的传导效率存在显著差异。在传统型政策工具中，相较于数量型工具，价格型工具在收益率曲线的传导中效果较为突出。结构性政策工具的使用对中长期国债收益率的影响有限，尤其是从依据宏观经验法刻画的收益率曲线可以看出，其对结构性政策的反应更弱。本书重新审视并评估了收益率曲线传导效果，为我国现阶段深化利率市场化和货币价格调控转型提供经验证据。随后，利用 2014～2020 年我国信贷和货币政策的季度数据，基于 FAVAR 模型和 PVAR 模型，从信贷角度讨论我国结构性货币政策对重点领域的调控效果以及省级间的地区差异。结果发现，无论是传统工具，还是结构性工具，货币政策对宏观经济的调控都是显著有效的。但传统货币政策在定向推动"三农"、小微领域的效果有限。

在对我国行业价格粘性进行测算后发现，不同行业的调价周期（频率）存在非常明显的异质性。其中，医药、家电的平均价格调整周期最长，分别为 11.4 个月和 10.2 个月，接近 1 年的时间。然而石油、石化、钢铁行业的平均价格调整周期相对较短；不同行业价格粘性的差异同样反映在价格调整幅度上，且行业价格上调倾向明显高于下调倾向；总类价格与产业价格粘性存在异质性。

在识别价格粘性对利率渠道传导产生作用的实证结果中：总体价格粘性层面，在控制汇率渠道和资产价格渠道后，价格粘性通过间接效应弱化了货币市场利率对银行贷款利率的传导效果，但在不同货币市场利率条件下，价格粘性的阻滞效果存在差异。中观行业层面，随着价格粘性的提高，货币政策对行业融资的边际影响显著降低，从而弱化了货币政策利率渠道的作用效果。

在识别价格粘性对信贷渠道传导产生作用的实证设计中，本书也从两个层次对其进行了检验。在检验价格粘性对银行贷款供给的影响时，我们得到货币政策信贷渠道在中国行业层面显著存在，紧缩的货币政策会抑制行业获得银行信贷，在一定程度上表明银行信贷渠道是货币政策影响行业的重要传导渠道。无论对其他传导渠道进行何种程度的控制，价格粘性均显著地增强了价格型工具对于行业资金供给的作用效果，验证了价格粘性可以通过影响银行贷款供给这一环节强化货币政策信贷渠道的作用效果。需要强调的是，信贷渠道的作用效果取决于行业价格粘性对于货币政策冲击的敏感度，在紧缩政策下，价格调整幅度越大，即粘性越小的行业，其对货币政策冲击的敏感度越低。在检验价格粘性对行业外部融资的影响时，本书发现：第一，随着货币政策的紧缩，行业融资中的外源性贷款融资占比显著降低，进而表明无论在哪一个行业，货币政策信贷渠道中的银行贷款影响企业外部融资这一环节都十分明显。第二，价格粘性对于货币政策信贷渠道中的行业外部融资这一环节并无明显的作用效果，但对于国有股占比较高的行业存在较大影响。很可能是国有股占比较高的行业很多属于过剩产能的行业，在负向政策的冲击下，行业特征致使其偏离了收缩信贷、提高行业融资约束的政策意图。此外，如我们的预期，汇率渠道与资产价格渠道目前还很难成为我国主要的传导渠道。

在识别价格粘性对预期管理渠道传导产生作用的实证结果中：我们同样发现行业价格粘性的差异会显著影响预期管理的有效性。由于中国人民银行（以下简称"央行"）非常关注通胀预期的问题，而行业价格粘性中势必会包含关于该行业的价格信息，在一定程度上会起到改善预期管理的作用。这也与我们目前的情况非常吻合，随着金融市场深度与广度的提升，央行不断提高与市场沟通的频率与深度，使得预期渠道的影响力逐步提升，对市场预期起到了良好的引导作用。一般而言，不同渠道的作用往往是同时交叉产生的，因此在预期管理的实证检验中，虽然考虑了汇率渠道和资产价格渠道的边际影响，但都未改变我们的主要结论，说明行业价格粘性的确会对我国央行的预期管理产生作用。

总体而言，根据研究发现，不同类型的政策工具具有不同的结构调控效果，无论是传统货币政策工具，还是结构性政策工具，都具有行业结构调控功能，这不仅被实践证实，而且也获得了与主流货币经济学理论逻辑相一致的解释。这为通过完善和创新分类调控政策思路，实现灵活精准、合理适度的货币政策操作路径提供了政策启示。通过创新货币政策调控方式以更好地贯彻党的十九大提到的供给侧结构性改革，促进经济高质量发展战略。同时，在重视货币政策发挥结构性调整功能的同时，更要明确行业价格粘性的重要作用。由于货币政策不同传导渠道的相对作用取决于不同行业价格粘性的状况，价格粘性对于货币政策不同传导渠道的影响存在显著差异，且政策框架能否成功转型和货币政策的传导机制顺畅与否紧密相连。当下货币政策传导机制不甚顺畅的一个重要原因就是结构性问题，总体流动性相对充裕却出现"结构性流动缺口"，实体经济系统内金融资源配置时也会存在"行业偏好"或"行业歧视"，最终极易导致金融资源配置低效。不同行业或企业获得的信贷支持差异很大，尤其考虑目前我国的过剩产能行业。本书从行业价格粘性异质性角度给出了解释，货币政策传导渠道的作用效果取决于行业价格粘性对货币政策冲击的敏感度，在紧缩政策下，粘性越小的行业对货币政策冲击的敏感度越小。因此，在执行货币政策时应积极考虑货币冲击对各个行业的差异性影响。从价格粘性特征捕捉行业的实际需求，创新并灵活运用结构性货币政策工具，实现"精准滴灌"，减少结构性资金的错配。通过运用定向的结构性货币政策工具，引导信贷流向特定领域、行业和区域，提高政策的"直达性"。这种充分考虑行业异质性、非全局性的货币政策很可能是未来疏通货币政策传导机制、提高金融服务实体经济的效率、促进产业结构转型的关键所在。在具体做法上，一方面，央行可以根据各行业的价格变动特征，配套出台相关的价格调整政策，让信贷资金真正进入实体经济需要加杠杆的企业部门或行业。尤其是一些价格调整期过长，资金很"不情愿"进入，但又属于应该大力发展的新兴产业，更应该做好配套政策。满足这样特征的民营、中小企业，是最需要货币政策进行"精准滴灌"的。另一方面，由于我国央行非常关注通胀预期的问题，对于价格信息的沟通非常频繁，从《货币政策执行报告》中关于价格信息的词频数量就可真实地反映出来。然而行业价格粘性中也势必包含大量关于该行业的价格信息，因此，货币当局可以在未来的信息监测中着重开始关注各个行业的价格粘性特征，更多地提及关于行业价格的预期管理很可能有助于提高政策传导的效果。

# 目　录

# 第一章　导论

## 一、货币政策传导阻滞问题研究的背景

2018 年以来，外部环境变化明显，我国货币政策整体宽松，小微企业、民营企业融资难问题继续发酵，长期积累的风险并未完全化解，经济处于下行趋势，但实体经济融资成本并未下行，货币当局如何引导金融机构加大对小微、民营企业的支持力度，疏通货币政策传导路径，缓解市场约束，即货币政策传导存在阻滞，成为眼下宏观经济层面面临的重大问题。

"进一步疏通货币政策传导渠道"与"深化金融供给侧结构性改革"是中国人民银行货币政策委员会在 2019 年重点提出的关键任务。随后，2019 年 4 月 17 日，国务院相关部门又进一步要求降低小微企业融资成本，加大金融支持小微企业、服务实体经济的力度。目前的数据显示，我国货币政策的传导效率有所改善，信贷规模也在合理扩大，为实现"六稳"营造良好的货币环境，然而传导渠道仍待疏通。货币传导机制面临哪些阻碍？有何更深层次原因致使其出现阻滞？

事实上，根据中国人民银行统计数据，2017 年底我国社会融资存量为 174.64 万亿元，增速下滑，比上年末低 0.8 个百分点。其中，企业债券融资和股票融资均

少于上年，占比也在持续下降，2017 年企业债券净融资为 4495 亿元，比上年少 2.55 万亿元；非金融企业境内股票融资 8734 亿元，比上年少 3682 亿元。

2018 年，货币政策操作更加偏重逆周期调节，流动性逐渐开始放宽，然后向信用层面进行传导。中国人民银行（以下简称"央行"）在 2018 年全年，开展 4 次降准以及多次进行中期借贷便利（MLF）操作，来增加中长期流动性的释放水平。多次进行公开市场逆回购也是为了保持流动性的合理水平。反映在量价上，截至 2019 年第一季度，我国社会融资水平开始企稳，新增水平达到 8.2 万亿元，与上年同期相比增加了 2.3 万亿元，这些数字体现了我国实体经济融资效果的改善。

截至 2018 年底，我国金融机构的人民币贷款加权平均利率水平是 5.63%，相较第三季度下降 31 个基点，货币市场利率中枢下行，到 2018 年 12 月，银行间存款类机构各种利率中，7 天期回购利率的中枢下降至 2.6% 附近，相较于 2017 年同期下降了 30 个基点；票据融资的加权平均利率下降至 3.84%，环比上一季度下降了 38 个基点。整体可见，银行贷款、债券、表外融资等在内的融资成本都明显呈现下降趋势，宽松的货币环境从交易所及银行间市场债券发行利率下降态势清晰可知。

此外，我国与美国在结构性货币政策的设立初衷和操作方式方面存在显著差异。2008 年全球金融危机爆发，各国央行相继实行"量化宽松（Quantitaive Easing，QE）"等非常规货币政策。美国的量化宽松政策表现为美联储将联邦基金目标利率降至为零，发起三次大规模资产收购以及推出不同以往的货币政策工具。除了总量上的货币政策工具，美联储也推行结构上的货币政策工具。作为央行最终贷款人角色的拓展，美联储推出三种新型借贷便利：一级交易商信贷便利（Primary Dealer Credit Facility，PDCF）、定期证券借贷便利（Term Securities Lending Facility，TSLF）和定期标售便利（Term Auction Facility，TAF），以维持银行体系的正常运行。此外，为了应对资产证券化市场崩溃对消费贷款市场的重击，美联储还实施了定期资产抵押贷款工具（Term Asset – backed Loan Facility，TALF）以激活市场并缓解对经济的负面效应。虽然非常规货币政策不能整体上都视为结构性货币政策，但是大量操作具有显著的结构性特征。且这些政策工具的主要目的在于缓解信用紧缩，恢复市场正常运行，这是在零利率下限约束下，美国央行不得不采取的解救危机的一种非常规政策。与美国不同，我国在2013年推出的一系列结构性货币政策工具，这并非是被动行为，其实施的初衷是一种主动行为，通过定向调控来缓解我国经济中的结构性矛盾，因为当时我国面临着流动性的结构性短缺，金融市场的流动性过剩，而中小微企业和"三农"等特定经济领域的流动性较差，融资成本较高，而单纯依赖总量型货币政策工具是行不通的。因此，2013年人民银行推出一系列结构性政策工具，包括定向降准、常备借贷便利、中期借贷便利、抵押补充贷款以及短期流动性调节工具等提供流动性支持的政策工具，且这些工具在流动性投放领域和影响货币资金成本方面各不相同。

近几年，我国始终坚持稳健的货币政策，就是要松紧适度。重点就是要加大金融对实体经济的支持力度。从供给端与需求端同时发力，夯实疏通货币政策传导的微观基础是关键，不断关注货币政策传导渠道的新路径以及宏观货币政策如何作用于微观主体行为，更是目前走深化金融供给侧结构性改革，促进金融结构调整优化，保持经济平稳发展之路的重要课题。

厘清我国货币政策传导效率，要梳理目前我国货币政策的传导渠道，即信贷渠道、利率渠道、资产价格渠道、汇率渠道、预期管理渠道。

在这轮"宽货币、紧信贷"的周期中，总体得出以下结论：以上发挥作用的五种传导渠道，从有效性上初步判断，预期管理渠道是较为顺畅的传导渠道，而信贷渠道、利率渠道、资产价格渠道、汇率渠道的传导效率都存在不同程度的低下情况，这也是目前我国当下亟待解决的结构性失衡的重要原因。接下来对五大传导渠道的状况进行分析。

**（一）信贷渠道**

信贷渠道主要关注货币政策对银行信贷供给的影响机制。通过对比中国、美国、日本和欧元区的真实数据，我们发现发达国家采用宽松货币政策立场的时候，最先发挥作用的渠道是资产价格渠道与汇率渠道，然后是利率渠道，最后才是信贷渠道。然而我们国家在发生危机后，更多的是采用信贷扩张来提振经济，因为我国的金融体系是以银行机构为主导。银行贷款占整个社会融资规模的比例约60%，这还是保守估计，无疑说明我国信贷渠道在传导机制中是重中之重，其是否畅通是结构性调节的关键环节。短期利率越高，银行信贷供给下降越多。尤其以银行体系为主导的我国资本市场并不发达，企业的融资渠道限制较多，主要依赖于银行贷款。资产价格变动对银行体系的影响也较大，因为银行信贷与抵押品价值密切相关，为避免资产价格泡沫造成的银行业危机，以银行为主导的央行就会采取货币政策调控来干预资产价格的波动，进而保证信贷渠道能够有效发挥作用。然而，我国虽然依赖信贷渠道，且近几年信贷增速有明显回升，但结构性问题严重凸显，传导机制存在缺陷。

从信贷需求来看，由于去杠杆的全面施行，经济增长面临下行压力，抑制了企业经营性信贷的融资需求。加上目前新冠肺炎疫情的冲击，企业的流动性需求与下降的信贷门槛都推高了企业的经营贷款。典型行业中，虽然基础设施建设及房地产等行业的融资需求有所增加，但这些行业主要是过去加杠杆的主体，继续增加杠杆率幅度有限，未来很可能还会维持较为稳健的融资决策。

表1-1给出了我国制造业、基础设施建设、房地产、服务业四类行业中长期信贷增量及占比情况。数据显示，企业信贷投放出现了明显的结构性变化。

表1-1 典型行业企业中长期信贷增量及占比

| 时间 | 制造业 | | 基础设施建设 | | 房地产 | | 服务业 | |
|---|---|---|---|---|---|---|---|---|
| | 增量（亿元） | 占比（%） | 增量（亿元） | 占比（%） | 增量（亿元） | 占比（%） | 增量（亿元） | 占比（%） |
| 2020年第三季度 | 9675 | 11.8 | 24000 | 29.2 | 9000* | 11.0 | 39400 | 48.0 |
| 2020年第二季度 | 4081 | 6.7 | 23669* | 39.0 | 7000 | 11.5 | 26000 | 42.8 |
| 2020年第一季度 | 300* | 0.8 | 15300* | 40.3 | 6700 | 17.6 | 15700 | 41.3 |
| 2019年第四季度 | 5021 | 7.1 | 20400 | 28.9 | 13900 | 19.7 | 31300 | 44.3 |
| 2019年第三季度 | 3313 | 6.0 | 15592 | 28.4 | 12900 | 23.5 | 23000 | 42.0 |
| 2019年第二季度 | 2088 | 5.2 | 11880* | 29.4 | 10000 | 24.8 | 16400 | 40.6 |
| 2019年第一季度 | 1000* | 3.4 | 8912* | 29.9 | 7000 | 23.5 | 12900 | 43.3 |
| 2018年第四季度 | 3217 | 5.4 | 16109 | 26.8 | 26500 | 44.1 | 14300 | 23.8 |
| 2018年第三季度 | 2764 | 5.3 | 13859 | 26.5 | 22700 | 43.5 | 12900 | 24.7 |

注：服务业已经剔除房地产；* 为剔除估计值。
资料来源：表中制造业、基础设施建设贷款数据来源于中国人民银行公开发布的会议纪要；房地产与服务业信贷数据来源于中国人民银行统计数据。

第一，制造业信贷增量提升明显，由 2018 年第三季度的 5.3% 上升到 2020 年第三季度的 11.8%。源于 2020 年企业中长期经营贷款融资需求增加，制造业信贷增量高增的同时推高了工业增加值以及制造业投资的持续恢复。第二，基础设施建设行业信贷增量占比总体先增后降，较好地跟随了我国基建投资复苏先快后慢的节奏。第三，服务业相对于其他行业，信贷增量占比在 2018 年第三季度至 2020 年第三季度持续上升，这也是受到 2020 年普惠小微信贷高速增长的影响，第三产业景气度的持续上升直接拉动了我国 GDP 增长。第四，房地产行业信贷增量占比同期回落非常明显，这与房地产行业加速去杠杆密切相关。国家对房地产调控力度加大，使房地产行业的中长期信贷增量以及占比都明显回调。同时，我们也要看到我国民营、小微企业融资需求依然是旺盛的，但是约束条件，如合格抵押品的欠缺等因素，使银行难以形成风险收益匹配的有效需求。

从信贷供给角度分析，我国在支持民营、小微企业发展方面，中小型银行做出了巨大贡献。但是由于支持中小企业发展的原因，我国中小型商业银行的不良贷款率指标在 2018 年以后稳步上升，风险不断积累。从 2015~2017 年我国部分银行披露的杠杆率信息来看，我国商业银行的杠杆率平均水平呈连年增加的趋势，股份制银行的杠杆率水平与城市商业银行之间的差距在逐渐缩小，但从图 1-1 的趋势来看，城市商业银行杠杆率的平均水平显现上升趋势。其中，2017 年上海银行、锦州银行、重庆银行表现较为突出，杠杆率分别高达 7.41%、6.82% 与 6.89%，是城商行的排头兵。这些源于城商行在 2017 年补充资本、减缓资产规模的扩张，杠杆率有了较大幅度的提升。

2017 年，银行业资金"脱实向虚"势头得到初步遏制，2017 年全年和 2018 年上半年，银行业资产负债率持续降低，即杠杆率（核心资本与总资产的比值）上升。商业银行中有 100 多家银行主动缩表，2017 年全年和 2018 年上半年银行业资产增幅和负债增幅均持续下降，在 2017 年全年，我国新增贷款增速是 12.6%，而银行业总资产规模增长 8.68%，相较于 2016 年同期下降 7.12 个百分点，都充分说明"多投入、少扩张"的银行缩表行为。

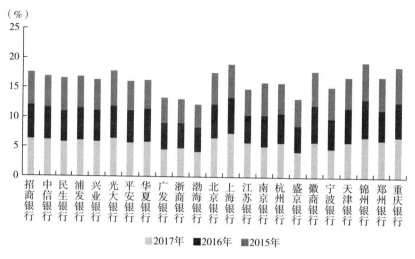

**图 1-1 2015~2017 年 23 家城市商业银行杠杆率情况**

资料来源：各家商业银行年报。

此外，我国中小银行存在资本补充困难的情况，缺少资本金自然会使得银行贷款意愿下降，进而无法根本解决中小企业较为旺盛的融资需求问题。除了针对小微企业的普惠贷款外，其他小微企业贷款同比增速也是下滑状态，未来仍然需要金融供给侧结构性改革，来增加对民营企业、小微企业的贷款总量，化解金融去杠杆进程对其造成的实质性"误伤"。

### （二）利率渠道

随着利率市场化改革的不断向前推进，我国目前正在大力培育市场基准利率体系，以政策利率为中介指标，向其他金融市场传导，其传导效率也在稳步提高。一系列举措都在继续完善央行利率调控体系。例如，将 Shibor 发布时间由上午 9：30 调整为上午 11：00，促进 Shibor 更好地反映市场利率情况，加强基准性能；中国人民银行推出银银间回购定盘利率（FDR，包括隔夜、7 天、14 天等期限）和以 227 天银银间回购定盘利率（FDR007）为参考利率的利率互换产品，完善银行间市场基准利率体系；继续推进同业存单和大额存单的发行交易，并规定同业存单的发行期限不得超过 1 年。

基准利率体系的完善，使市场化的利率调控和传导更为顺畅。同时，中国人民银行通过 LPR 机制、构建利率走廊机制等一系列改革措施，旨在疏通我国尚不顺畅的利率传导。利率市场化改革虽然已经完成，但是，若想以政策利率为核心，做到顺畅引导和调节市场利率，还需要突破很多体制遗留下来的问题。

当然，以上这些做法的成效显著，说明在本轮的"宽货币周期"中，我国潜在政策目标利率对银行间市场利率传导还是较为通畅的，而对提高交易所债券市场利率（票据与债券融资）的传导效率也是有效的，能够在一定程度上降低实体经济的债券融资成本。但是，政策目标利率对贷款利率的传导效果并不如意，如前文所述，我国利率市场化改革事实上并未彻底完成，以一年期贷款利率为例，我们也会在后续的实证研究部分，给出短期市场利率传导至收益率曲线会出现传导损失的结果，进一步证实当前的现实情况。因此，无论是现实观察，还是实证分析结果，都说明市场利率变动对于银行负债端的影响比较有限，进而影响了由负债端向资产端的传导。

2019 年 8 月，中国人民银行发布了改革完善 LPR（贷款市场报价利率）形成机制的公告，在推动贷款利率市场化方面，用改革的方法促进降低融资成本。经过持续推进，LPR 改革推动银行改进自身经营行为，打破贷款利率隐性下限，是疏通利率传导渠道的重要举措。2019 年 12 月的数据显示，城商行、农商行、村镇银行新发放贷款中运用 LPR 的占比已分别达到92.0%、86.1%和94.5%。

经过 LPR 改革后，市场利率向贷款利率的传导效率明显改善。2019 年初到发布前，新发放企业贷款加权平均利率维持在 5.3% 左右，2019 年 8 月之后，新发放企业贷款加权平均利率出现了明显下降。2019 年底，新发放企业贷款加权平均利率较 LPR 改革前下降 20 个基点，维持在 5.1% 左右，降至 2017 年第二季度以来最低点，降幅明显超过 LPR 降幅，反映出 LPR 改革增强金融机构自主定价能力、提高贷款市场竞争性、促进贷款利率下行的作用正在发挥。以上表现说明，LPR 下降能够有效传导至贷款利率。

能够反映央行政策取向的 LPR 报价，从 LPR 报价情况也能捕捉市场资金供求状况。目前，LPR 报价已经成为银行贷款利率定价的重要参考指标，与刚开始采用 LPR 报价时相比，现在也逐渐嵌入银行内部资金转移定价，有效地畅通了货币政策的利率传导渠道。加上配合使用的新型结构性货币政策工具，当下形成了 MLF 利率→LPR→贷款利率的传导路径，且效果显著。

然而，LRP 报价机制作用于利率传导渠道，也会面临一些亟待解决的问题：第一，利率风险上升但风险对冲工具不足。贷款以 LPR 加点方式发放后，加点幅度相对固定，在 LPR 变化频率加大后，贷款利率随市场波动的频度和幅度相应加大，金融机构面临的利率风险相对上升；第二，LPR 改革引导贷款利率下行，是通过贷款创造存款的货币创造机制传导至银行负债端，带动存款利率下行，但传导存在一定时滞，金融机构负债成本稳中略降。受存款分布不均的结构性因素影响，一些小法人银行综合负债成本甚至上升。

国际形势刻不容缓，全球经济复苏放缓，虽然企业有企稳迹象，但下行风险仍然比较棘手，经济体复苏基础仍不稳固。2020 年，日本第四季度实际 GDP 增速 11.7%，美国第四季度实际 GDP 增速 4.3%，全年 GDP 同比下降 3.5%，欧元区第四季度实际 GDP 增速 -4.9%，全年 GDP 同比下降 6.8%。

国际金融市场波动有所加大，潜在风险加大，金融形势存在较大不确定性，主要经济体将利率水平整体调控在偏低水平，货币政策动手空间有限。国内，中长期经济增长也面临较多结构性挑战，不仅有新冠肺炎疫情的短期冲击，人口老龄化、生产率增速放缓等中长期结构性问题依然隐患较大，风险加速累积对金融市场的影响将持续加大。

总之，随着利率传导渠道逐步打通，贷款收益率下降，金融机构降低了对短期利润增长的过高要求，不断向实体经济让利，降低企业融资成本。值得注意的情况是，主要融资渠道的利率均有所下降，但利率波动率较之前大幅增加，这对实体经济融资的稳定性造成不利影响。受新冠肺炎疫情影响，宽货币政策使得利率持续下行，2019 年第一季度，货币市场利率中枢整体波动下行，定向降准后 DR001 利率在 2019 年 5 月低至 1.1%。但是，可以看到 DR007 利率的波动明显提高，对实体经济产生不利影响。

**（三）资产价格渠道**

2018 年 9 月政策见底后，我国的资产价格传导路径逐步通畅，但中美贸易摩擦的持续发酵，股票市场触及高点后回落。2019 年第一季度，上证综指及深证成指分别上涨 27.6%、40.4%。2020 年，新冠疫苗广泛接种也将带来经济深化复苏、需求加速回暖和 PPI 反弹推升企业盈利能力，股价保持上行趋势，但后续会有所放缓。2020 年，房地产因政策调控再度受到信用投放影响，全年房企融资面临"三条红线"、房地产贷款管理趋严叠加宽信用回归常态，房地产政策压力较大，楼市逐步降温。对于大宗商品而言，全球原油仍处于供应过剩阶段，2020 年至今的油价激增，原因在于新冠疫苗开打所引发的全球经济复苏预期，但后续新冠疫苗推进和经济复苏节奏如果不及预期，油价上行趋势也会受到制约。

资本市场的大力推进，近年来发展十分迅速，资产价格渠道逐步受到关注，目前资产价格渠道也成为我国居民与企业部门资产配置的关键渠道。事实上，资产价格始终与心理预期紧密相连，如果能够有效修复资产价格，就能较大程度地提振整体经济信心，各种景气指数也会表现良好。随之而来，修复的企业和家庭部门的资产负债表也会通过托宾 Q 理论与财富效应强化投资与消费的增长。

### （四）汇率渠道

随着经济全球化的发展与浮动汇率制度的施行，货币政策通过汇率对净出口的影响以及国际资本流动对国内货币流通的影响成为了货币政策的传导渠道。

2018 年，全球经济体的经济持续下滑，利率下行趋势明显。为了提振经济，货币政策加大了逆周期调节力度。但美国当时处于加息周期，即使存在利率下行趋势，中美两国的利差在不断收窄。人民币对美元汇率由 2018 年初的 6.3 向 7.0 逼近。贸易摩擦方面，2018 年中美贸易摩擦升级，我国对美国出口连续 3 个月负增长，贸易摩擦对我国的影响已经显现。直到 2019 年 4 月，我国进出口数据才相对比较平稳，汇率传导渠道影响并没有显现。到了 2019 年 5 月，中美贸易磋商继续带来波动，人民币大幅度贬值，出口受阻，出口金额下滑，未来汇率渠道传导仍存在不确定性。

2005 年我国人民币汇率形成机制改革至今已有 16 个年头，到 2020 年末，人民币对美元汇率已经累计升值 26.8%，人民币对欧元汇率累计升值 24.8%，人民币对日元汇率已经累计升值 15.5%。升值幅度较大，对我国实体经济的影响较大。

人民币持续升值给营收中出口比例较大的企业带来了一定影响：第一，收入和毛利率端。出口企业订单收入多以美元、欧元等外币为主，公司外币性收入在兑换成人民币时会因为汇率上升而产生损失，从而导致出口收入下降，而且原材料成本大多以人民币计价，出口毛利率同时受人民币升值影响。第二，财务费用端。在将外币收入兑换成人民币的过程中由于汇率波动带来的汇兑损益将被计入财务费用，人民币升值导致的汇兑损失将增加财务费用。第三，需求端。人民币持续升值导致我国出口产品失去价格竞争优势，海外进口商需要支付更多费用和货款。如果这种情况持续，国外厂商将选择向终端市场柔性分批涨价，而涨价后对于终端需求的影响根据消费价格弹性敏感度相同，最终传导至我国企业出口订单的需求波动中。

## （五）预期渠道

20 世纪 70 年代，卢卡斯等学者构建了理性预期理论框架，强调理性人在经济变动中会形成一种预期，并根据预期做出反应。理性预期理论认为，宏观政策的有效性依赖于政策制定者，也取决于微观经济主体的行为。企业和家庭的行为决策都会内化为政策决策过程中的影响变量。预期管理是经济学家伍德福德提出的概念，认为由于信息的可得性很强，微观经济主体的预期更加敏感，对货币政策的作用更显敏感。可信度越高的央行预期管理，会使得市场微观主体主动改变对远期政策利率路径的预期，重建自身的投资消费决策函数，在经济远不如预期的时候对经济起到刺激作用。

预期渠道的作用机制，实质上回答了央行调控隔夜利率的行为通过什么途径作用于中长期利率与资产价格。中长期利率与资产价格虽然会受到当下隔夜利率的影响，但是更多依赖于市场预期的未来数月或者几年的隔夜利率走势。这样根据利率期限结构，长期利率等于预期短期利率加上期限息差，当期隔夜利率对长期利率的作用较小，主要取决于未来的隔夜利率水平，而未来隔夜利率水平则又受到市场对央行货币政策预期的影响，如果市场主体预期央行要收紧货币政策，未来隔夜利率走高，那么金融市场的套利行为就会使得当期长期利率走高。所以，央行想要通过调控隔夜利率来引导市场行为的支出决策，关键看央行能不能有效引导市场对未来隔夜利率水平的预期。实践中，央行通常调整隔夜利率的意义在于传达未来货币政策走向的信息，引导政策预期，也就是我们通常所谓的"预期管理"。

借鉴发达经济体的预期管理经验，我们可以发现沟通是预期管理的重要手段。根据不同的沟通内容，我们将预期管理划分为以下三种类型：第一，对政策目标进行沟通；第二，对当前货币政策操作和经济运行状况进行沟通；第三，对未来货币政策的可能走向进行沟通。

在我国央行的在实践中明显可以看到预期指导的痕迹，预期管理逐渐成为我国央行的重要手段。例如，中国人民银行从2001年开始发布《货币政策执行报告》，且在2002年第二季度报告中增加预测经济或者发出政策信号来进行预期引导。不断增加的经济预测数据，这些都彰显了央行向市场表达政策观点的做法。央行主动选择各种方式与市场沟通，说明我国在现实操作中，已经开始贯彻实施预期引导政策。

通过对数据的观察，我国央行定期发布的政策引导相关信息在一定程度上带来市场波动的下降，提高了市场预测精度，逐渐完善了长短期利率的传导机制。尤其在2018年后，中国人民银行为了"防范化解金融风险"，更加积极主动地开始增加与市场沟通的次数，甚至也在沟通深度上下足功夫。

货币当局在实施《关于规范金融机构资产管理业务的指导意见》以及补充意见、开展定向降准、增设多种货币政策工具等重要事项前，甚至在我国股市、汇市出现较大波动的时候，迅速回应市场，解答市场关心的热点问题。通过一系列这样的沟通操作，做到稳定市场预期，同时给市场带来信心。

2019年3月，中国人民银行就2019年2月末社会融资规模增速高达10.1%的问题，召开"吹风会"，向市场进行解读、及时回答市场关心的疑点问题。在召开的会议上，央行强调"大水漫灌"的货币政策已经不会成为当下政策的主基调，让市场清晰地认识目前的政策导向，起到了很好的引导作用。

2019 年 4 月，中国人民银行又针对"降准"及时与市场沟通，对市场起到引导作用。这些及时公布金融数据以及解答央行操作行为的做法，都表明中国人民银行目前对市场预期的引导，防止突如其来的政策调控带来市场的大幅波动。

## （六）阻滞局面，该如何先"破"再"立"

新凯恩斯主义下，政府被视为金融市场的重要组成部分，通过实施货币政策对市场进行干预。货币政策的最终落脚点是微观企业，货币政策工具实施效果取决于微观企业对货币政策的接受程度，微观企业的发展趋势是货币政策效果最直接的反映。从微观层面来看，货币政策可以促进目标微观企业技术升级和公司发展（唐清泉和巫岑，2015）、改善其盈利能力（饶品贵和姜国华，2013）、降低企业破产风险；从宏观层面来看，可以调整产业结构、稳定就业、提高社会收入（叶康涛和祝继高，2009）、稳定经济发展，最终达到促进经济产出的目的。货币政策渠道的畅通是货币政策有效调控市场的保障。2008 年金融危机以来，长期的低利率环境、持续的经济下行压力、低落的市场信心等因素层层叠加，传统货币政策有效性饱受质疑（Mishkin，2011；陈梦涛和王维安，2020）。根据前文的分析，这里我们将目前我国货币政策主要渠道及其影响因素的研究文献汇总于表 1-2。

表 1-2 主要渠道影响因素的文献汇总

| 传导渠道 | 影响因素 | 支持文献 | 主要观点 |
|---|---|---|---|
| 利率传导渠道 | 外资银行进入 | Gopalan 和 Rajan，2015；Modigliani 和 Sutch，1966 | 外资银行资产进入会影响短期利率向银行贷款利率的传导；对于银行体系主要由政府控制的国家，反而会降低贷款利率对货币政策利率变动的敏感性 |
| | 存款准备金率、存贷比等因素 | 马骏和王红林，2014；马骏等，2016 | 存款准备金率、贷存比、对贷款的数量限制和企业预算软约束都会不同程度地弱化政策利率对银行存贷利率的传导效率 |
| | 利率市场化 | Agénor 和 Montiel，2015；战明华等，2019；刘金全和石睿柯，2017 | 利率市场化加强利率渠道的重要作用 |

续表

| 传导渠道 | 影响因素 | 支持文献 | 主要观点 |
|---|---|---|---|
| 信贷渠道 | 商业银行流动性 | Kashyap 和 Stein，2000 | 过高的商业银行流动性会使商业银行具有充足的对冲空间，从而导致政策调控失效 |
| | 超额存款准备金 | 索彦峰和范从来，2007；王晓芳和郑斌，2017 | 超额存款准备金较多，隔夜拆借利率传统工具失效；准备金工具不能通过风险承担机制影响银行贷款，但对信贷传导效率有所增强 |
| | 社会融资结构变化 | 徐亚平和宋杨，2016 | 社融结构多元化的发展弱化我国银行信贷渠道的影响 |
| | 上市制度 | 周海赟，2019 | 信贷传导渠道中的资产负债表效应对上市公司的信贷融资影响不明显 |
| | 银行资产负债状况 | Elbourne 和 Haan，2006 | 银行主导的国家中，信贷传导渠道发挥主要作用 |
| 预期渠道 | 零利率下限约束 | Woodford，2005 | 受到零利率下限约束时，提高通胀预期，可减少福利损失，提高货币政策有效性 |
| | 传递信息的效率 | Morris 和 Shin，2008 | 央行传递有效信息非常重要。预期管理将成为现代政策的核心要素 |
| | 短期利率波动、M2 增长率 | 李艳丽，2018 | 短期利率波动过高会制约价格型中介目标向长期收益率的传导，M2 高企下很难影响长期收益率 |

目前，学术界对货币传导机制的研究结论，处于争论比共识更多的状态。各种渠道的实证检验结果，获得的支持与反对也是"喜忧参半"。但是，对信贷传导渠道的分析则比较完善，无论从理论层面，还是实证层面都有较为一致的结论。信贷传导渠道仍然占据我国传导机制的主导地位，但是面临着结构性传导阻滞的问题。关于信贷渠道，学者们认为信息的不对称和金融摩擦会使得信贷市场无法通过利率作用达到市场均衡，货币政策会影响金融中介的信贷配给行为，最终影响投资和消费（Haan and Sterken，2000）。我国学者肯定了信贷渠道的有效性（姚余栋和李宏瑾，2013），但却难以把握调控尺度，如 2008 年"四万亿"政策虽然有效刺激了经济发展，但造成了金融市场扭曲，"脱实向虚"问题相对严重。对此，战明华（2015）认为传统货币政策通过信贷渠道调控会使信贷资源在不同产业间产生结构性错配，不利于改善金融市场结构。

利率传导渠道中，政策利率向银行间市场传导渠道较为通畅，但对贷款利率传导并不顺畅。资产价格渠道目前还很难成为我国主要传导渠道。随着金融市场深度与广度的提升，央行不断提高与市场沟通的频率与深度，使预期渠道的影响力逐步提升，对市场预期起到了良好的引导作用。汇率渠道由于复杂的外部环境，存在着很大的不确定性。

那么，在全球复杂的经济环境及以间接融资为主的金融结构下，我国货币政策的中枢在于银行机构，信贷传导以及利率传导该如何破局呢？

在金融周期的下行阶段，我们知道信用与资产价格是双螺旋式下降，表现在需求与供给两个方面：一是供给端，银行贷款能力在金融周期下行阶段不断恶化，坏账上升导致信贷渠道受损严重，惜贷现象比较普遍；二是需求端，我国企业资产负债表始终是三大部门中杠杆率最高的，政府和家庭部门的杠杆水平相对来说也已经基本到达"天花板"，由于受限于现有的资产负债表，企业的信贷需求也"每况愈下"，信贷渠道传导难度正在不断加大。

借鉴日本和欧元区的经验教训，居民和企业两个部门的去杠杆是非常缓慢的过程，因为债务负担重，收入增长非常迟缓的状态下，偿债能力有限，很难在居民和企业两个部门再加杠杆。

从美国的成功经验来看，就要从供给和需求两端发力进行信贷渠道的疏通。供给上，美国联邦储备系统（美联储）直接选择购买银行业的有毒资产，降低不良率，这样让金融机构的资产负债表快速得到修复。需求上，美联储将焦点放在寻找去杠杆充分、符合经济结构转型的加杠杆部门。具体的实施方法：先让政府大幅加杠杆，这样去对冲企业与居民的去杠杆。当这两个部门的资产负债表逐渐修复后，也就是充分去杠杆后，家庭和企业部门就可以再次进入加杠杆进程，政府部门的做法是为家庭、企业争取调整空间，实体经济就会逐渐进入繁荣期。

深层次的结构性问题是我国目前经济面临的挑战。国有企业、地方政府融资平台、房地产行业在前期杠杆过高，现在都需要去杠杆，这时候能够享受优质金融资源的企业或者行业，如果遇到"大水漫灌"式的货币政策，会导致进一步的结构扭曲固化和失衡。反而，需要加杠杆或者说有加杠杆需求的民营、小微企业，却难以获得金融资金。究其原因，银行机构出于防控风险的考虑，在当前防风险的大环境下，更不愿意对小微企业贷款。

实体经济的贷款问题，确实需要银行等机构部门拿出更多成本去支持中小型企业，短时间内这些类型的企业在提升自身还款与风控能力上难以满足各项指标。目前，我国以银行为中枢的金融结构难以区别不同风险承担能力的融资需求。虽然一些风险较高的表外融资起到了良好的资金补充作用，但是当下加强金融监管的大环境下，融资渠道又再一次回到银行贷款为主的时代，民营企业、小微企业的融资难度也自然有增无减。在监管环境以及金融结构问题依然存在的当下，习近平同志特别强调"深化金融供给侧结构性改革，增强金融服务实体经济能力"。

先"破"后"立"——畅通信贷传导渠道，关键在于打破恶性循环，让资金释放到重点领域。借鉴美国成功的案例，找准合适的加杠杆部门，抓住经济结构转型期中的发展机遇。制度的建立、约束的破除，都是为了使得金融资源进入经济领域中最具有创新驱动力的新兴产业。

# 二、国内外文献综述

价格是灵活多变的，还是具有粘性的？这个问题长期以来都是宏观经济学中颇有争议的话题，并涌现出大量的经验文献。价格粘性，即对价格调整速度的正确评估，对探寻商业周期波动的根源以及货币政策对经济的影响至关重要（Boivin et al.，2009），尤其作为凯恩斯主义建模的核心要素，价格粘性是货币冲击产生实效的关键变量。基于此，破解宏观经济学这一古老"谜题"要厘清价格粘性的界定与特性。

## （一）价格粘性的特征

价格粘性的假设以及动态随机一般均衡框架的新凯恩斯模型成为货币政策分

析的主要工具。模型通常假设所有生产部门同质，然而这与现实不符。事实上经济中存在生产不同种类商品的异质性生产部门，他们可能具有不同的生产函数，面临不同的需求曲线，做出不同的生产和定价决策。由于价格粘性是货币政策短期非中性的关键要素，因此关注部门价格粘性的异质性，对理解货币政策传导机理具有重要意义。

1. 总量价格粘性与分类价格粘性的特征

对价格粘性的识别目前分为总量数据与非加总数据两类识别路径。总量数据研究中，学者们集中采用向量自回归方法（VAR）来识别名义冲击，进而来测算价格粘性。Christiano 等（1999）发现，经济体受到未预期的货币政策冲击后，总量价格会先在 1.5 年内维持不改变，然后逐渐下降，定性分析结果支持了价格粘性的存在性。总之，基于总量数据的经验研究，通常认为总价格水平具有粘性，因此许多宏观经济模型（政策分析模型）都基于这个假设。

然而，关于分类价格数据的证据表明，相比于总量数据，分类价格呈现出更具波动性的特征，微观层面的定价机制值得关注。Bils 和 Klenow（2004）的研究涵盖美国70%消费者支出的350种消费品和服务，其价格变化频率为4.3个月。部门通胀率比粘性价格模型所呈现的总量数据更不稳定、更短暂。Klenow 和 Kryvtsov（2008）则发现在调整临时销售时价格变化频率为 4 ~ 7 个月，比 Bils 和 Klenow 得到了更长的价格持续期。同样，Nakamura 和 Steinsson（2008）分析构成美国 CPI 价格分类数据后发现，在扣除临时折扣后，"正常价格"变动频率为 8 ~ 11 个月，考虑产品升级换代后价格变动频率仅为 7 ~ 9 个月。Dhyne 等（2006）使用欧元区各成员国消费者价格的微观数据发现，50 种商品和服务的价格持续期平均为 13 个月。

价格在分类水平上频繁变化的事实并不意味着价格在宏观经济冲击面前是灵活的。事实上，分类价格的灵活性与总价格指数的粘性可以兼容。源于微观商品价格变动频率的研究具有一定局限，没有区分特定部门和总体波动的来源。因此，不可能从这些研究中推断出部门价格对宏观经济冲击的反应是迅速还是缓慢。

总之，关于部门价格与总量价格粘性之间的关系，学者们认为部门价格粘性异质性会放大总量价格对宏观冲击的粘性（Alvarez and Pablo，2010；Gagnon，2009；Carvalho，2006），且价格粘性越强的部门，其价格波动对总量价格的影响越大（Boivin et al.，2009；Mackowiak et al.，2009）。Bouakez 等（2014）指出，忽视部门间的价格粘性差异会导致总量和部门在产出波动上相对重要性的误判。

2. 价格粘性的异质性与宏观经济波动

为了调和关于分类价格和总价格的证据，必须适当评估价格系列中具体部门和宏观经济波动的相对重要性。于是，Boivin 等（2009）将总体宏观因素引起的美国消费者价格和生产者价格的波动，与行业状况引起的波动区分开来，通过附加因子向量自回归模型（FAVAR）分析了分类价格对宏观经济冲击和特定行业冲击的典型反应。

在分析价格粘性形成后可知，宏观冲击、特质冲击所起到的作用是不同的。清晰相对重要性后，部门价格对特质冲击响应迅速与价格在总量上对宏观冲击的缓慢调整就并非"无解之题"。此外，总通货膨胀的明显持续可能反映了各部门之间的异质性，或样本期间平均通货膨胀的结构性中断。然而，总体和分类水平上通货膨胀持久性的差异也可能是由于对宏观经济和特定行业冲击的不同反应。

关于货币政策是否会对价格粘性产生响应，虽然广泛的研究试图描述货币政策对宏观经济指标的影响，但少有研究分析价格粘性与宏观经济波动之间的关系。早期探索中，Balke 和 Wynne（2007）通过将个别价格序列附加到单独估计的 VAR 中来估计个别价格对货币政策冲击的反应。但价格响应显示出相当大的"价格难题"，即在意外的货币政策紧缩后价格上涨，这与传统模型的预测形成鲜明对比。Sims（1992）对此问题进行了解释，认为价格难题的证据可能是缺少 VAR 估计中考虑的信息而使得 VAR 具有错误指定的风险。Boivin 等（2009）进一步在数据丰富的 FAVAR 背景下使用所有可用信息来降低错误指定的风险①，

---

① FAVAR 可以引入更多时间序列，但也存在两方面的局限。一方面，通过在因子模型中加入观察变量来估计模型，并没有区分动态因子和静态因子，因而无法发挥动态因子模型只需要较少的识别约束来估计包含大量时间序列的优势；另一方面，若把约束施加在静态因子上，而不是脉冲响应函数上，由于静态因子没有结构含义，因而难以根据经济理论判断识别方案的优劣。

并发现分类价格在应对货币政策时表现出粘性特征，但在应对特定部门冲击时却具有灵活性。与 Boivin 等（2009）的发现相同，即宏观冲击仅能引起 15% 的部门价格变动。王少平等（2012）尝试在 FAVAR 的分析框架下，将我国居民价格指数分解为对应的宏观成分和特质成分，进而识别出货币政策冲击对不同种类的居民价格指数产生的影响效果。

以上证据说明大多数分类价格的波动反映价格正在迅速地调整部门特有冲击，且很可能反映出分类价格测量的抽样误差。更重要的是，价格变动的幅度以及消费者和生产者价格之间各个价格类别的通货膨胀持续性存在巨大差异。这些差异在很大程度上是由于具体部门组成部分的波动性不同，而对宏观经济因素的反应则各不相同。因此，许多价格会因特定行业的冲击而大幅波动，但它们对总体宏观经济冲击（如货币政策冲击）的反应很迟钝。特定部门冲击的相对重要性可以解释为什么在分类层次上个别价格调整相对频繁，而根据加总数据对价格刚性程度的估计要高得多。价格对宏观经济冲击的反应迟缓也解释了为什么假定价格具有相当大粘性的模型，往往能够成功地复制货币政策冲击的效果。

### （二）货币政策传导的供给功能

从理论上，产能过剩等结构调整问题是属于供给范畴的，而宏观经济理论体系中的一个基本共识是，即便价格粘性的调整使宏观政策能够纠正经济对均衡的偏离，但政策影响的是总需求，而非总供给。长期供需失衡会在价格机制下自动出清，并不需要政策干预。但前提是企业同质、市场上无制度障碍，但我国当下的经济现状却不是如此，国内学者认为，目前"去产能、调结构"仅靠市场手段是不够的，适当的政策操作也是必须的。但是，关于货币政策对经济结构进行调整的研究还并不多见。因为主流宏观经济学以发达国家为对象，多数认为货币政策强调需求管理，央行通过采用各种货币政策工具对消费、投资产生影响，进而作用于最终产出，否认货币政策会对总供给产生影响。仍有一些文献为我们研究货币政策在发展中国家为何具有经济结构调整功能提供了重要启示。

货币政策在供给侧发挥作用的思想渊源可追溯到 19 世纪中叶 Tooke（1844）

关于利率与通货膨胀关系的相关论述，即降低利率等同于生产成本的降低，导致商品价格呈同向变动。虽然有学者对 Tooke 的观点进行了检验，并提出了新的解释，例如，Seelig（1974）认为 20 世纪五六十年代的美国通胀不能全都归结于利率的原因，还有货币政策的成本传导机制在发挥作用。但这些研究在早期未受重视，直到"价格之谜""放大之谜"等需求侧管理无法解释的现象出现，推动学者探寻新视角对货币传导渠道进行重新审视，即从供给角度探讨货币政策变化所产生的综合效应，Barth 和 Ramey（2000）称其为货币传导的成本渠道。随后，Ravenna 和 Walsh（2006）、Tillmann（2009）也发现，当企业边际成本取决于名义利率时，货币政策对通货膨胀产生显著影响主要来源于货币政策的成本传导机制。同时，Kaufmann 和 Scharler（2009）的研究还强调了货币政策成本传导中金融中介的重要地位。

货币政策具有结构调整功能是近年来货币政策在供给侧发挥作用的重要体现。在货币政策信贷渠道存在的前提下，由于不同行业企业的资产负债表或者规模等具有差异，货币政策对不同行业的产出产生不同的影响，进而具有调整行业结构的功能。彭俞超和方意（2016）发现中国四种类型的结构性货币政策均可显著促进产业结构升级。战明华等（2021）则强调在转型经济背景下，即便传统的非结构性货币政策，也同样具有结构调控功能。

信贷市场供需结构是影响货币政策工具有效性的首要因素。2011 年后供给端对市场的影响更为显著，无论从贷款增长的总量，还是贷款期限，供给约束逐渐成为主导信贷市场的关键要素（伍戈和谢洁玉，2016）。"短边原则"应用于信贷市场，需求多、供给不足的时候，货币政策难以刺激需求实现目的，需求偏弱、流动性过剩也难以拉动信贷增长实现政策意图。因此，通过调整银行体系流动性来改善市场供需结构，才能显著影响政策工具的有效发挥。这也可以从 2019 年来央行货币政策执行报告中反复出现"银行体系流动性合理充裕"的调控思路看出端倪，而非之前的"保持市场流动性合理充裕"，这样的风格转变显示出央行政策操作具有较强的实际意义。

政策工具的变化反映出目前我国已不是之前因为外汇占款，被动地向市场释放流动性，我国已经开始主动地供给流动性，这样的重大变化是我国货币政策向供给调控方式转型的外在体现。讨论我国货币政策结构性转型路径，理论推演高质量供给对需求发挥引导作用的同时让需求侧的良性激励为长期的供给侧结构性改革创造宽松的宏观环境，实现短期稳定与长期持续增长的动态平衡。

**（三）价格粘性异质性在货币传导中的作用**

价格粘性理论认为，存在价格粘性时货币是"非中性"的，通过调整货币数量能够影响短期内的产出。适度的价格粘性使货币政策能够有效刺激企业投资与产出规模（晁江锋，2019）。侯成琪和龚六堂（2013）也通过建立多部门新凯恩斯模型来研究货币政策应该如何应对我国食品价格的较快上涨。现有研究发现，价格变动频率的异质性提高了货币政策非中性的程度（Nakamura and Steinsson，2010），在价格粘性异质性条件下，货币政策冲击具有更强的真实效应（Bouakez et al.，2014；Carvalho，2006）。Bouakez 等（2009）、Bils 和 Klenow（2004）证实价格粘性最强的部门，产出上升最多。由此可知，粘性差异是解释跨部门产出异质性及货币政策对通货膨胀产生冲击的重要原因。

因价格粘性具有非对称性，货币政策对经济产生的影响也是非对称的。在通胀阶段，采取的紧缩性货币政策将更多地表现为产出减少，而非降低价格；反之，为提高产出而实行的扩张性货币政策将更多地使得价格水平上升，而非提高实际产出。因此，当价格具有更明显的向下粘性时，货币政策的有效性随之下降。然而，价格向上粘性占主导时，采用货币政策短期治理通货膨胀的效果显著（陆旸，2015）。根据传统理论，价格粘性的非对称性的确可以影响货币政策的实际效果。

此外，价格可能因各种原因发生变化，包括成本、生产率、商品需求的变化。虽然 Bils 和 Klenow（2004）、Klenow 和 Kryvtsov（2008）提供了非常有价值的微观证据，证实大多数价格会相对频繁地发生变化，且平均而言变化幅度较大，但这些研究并未确定价格变化的真实来源。因此，从这些研究中尚不清楚，由于宏观经济冲击，价格是否趋于频繁而大量地变化（如由于特定行业状况的频繁变化）。澄清这个问题与理解货币政策效果关系紧密。实际上，如 Golosov 和 Lucas（2007）的模型所述，如果价格迅速适应货币冲击，货币政策将对经济活动产生很小的影响，而且影响也较为短暂。与缺乏部门价格粘性异质性的经济相比，Carvalho（2006）发现在存在价格粘性的经济体中，货币政策冲击具有更强的经济效应。Bouakez 等（2009）也得出价格粘性异质性与货币政策传导渠道密切相关的结论。黄志刚（2010）构建了一个具有粘性价格的一般均衡模型，发现当经济中不同商品的价格调整具有异质性时，货币冲击将导致灵活价格产品的价格水平变化超过货币增长率。王胜和彭鑫瑶（2010）考察开放经济中不对称价格粘性对货币政策传导机制的影响，认为价格粘性的非对称性导致了两国消费、最优货币政策、福利水平等多方面的差异。尤其非对称的价格粘性能够改变国内外生产力冲击对本国最优货币政策的影响程度。

目前，国内研究并未有太多文献从估计中国各大类商品的价格粘性出发，在部门价格粘性存在异质性的条件下厘清其对中国货币政策传导机制的影响。比较具有代表性的是侯成琪和龚六堂（2014）的研究成果，他们利用宏观经济数据估计了我国 CPI 八大类商品的价格粘性指数，并发现部门价格粘性的异质性对于货币政策的传导具有至关重要的影响。谢超峰（2015）讨论了消费习惯和价格粘性对货币流通速度的影响机理。

### （四）国内外研究评述

国外从供给角度研究货币政策传导效应已取得了显著的成果，这些研究主要从宏观层面展开，可为我国的研究和实践提供借鉴，但多数研究对象是发达国家，市场经济环境的差异决定必须要结合我国的实际国情。

在研究视角和方法上，基于微观视角对长期以来使用总量数据得出的价格粘性提出了挑战，但在一般均衡分析框架下，如果将菲利普斯曲线的斜率校准到微观价格调整频率，得到的脉冲响应路径又明显背离其典型事实，极少学者注意到此问题，本书从中观层面视角入手，定位于行业价格变动频率，探索性地研究行业价格粘性的动态特征以及在货币传导机制中的表现，试图从中观层面解读当下货币传导调控失灵的根源。

在研究内容上，国外已从部门投资回报率的差异上分析价格粘性异质性对货币传导的影响，而国内的相关分析则刚刚起步。本书抓住影响供给侧关键行业价格的粘性差异，分析其导致的非理性投资对货币传导的阻滞影响，力图为继续创新调控思路和政策工具提供借鉴。

# 三、研究内容

价格粘性是货币政策短期非中性的内生变量，也是外生冲击导致名义扭曲的关键原因。本书从需求侧货币传导机制有效运行所依赖的条件着手，从中观层面探索供给侧价格粘性导致部门非理性投资繁荣的内生路径，进而测算其在阻滞货币传导机制中的"贡献度"，为货币政策结构性转型提供新的依据，因此，本书具有较强的应用价值。研究的内容具体包括六章：

第一章是导论。本章介绍了货币政策传导阻滞问题的研究背景，并对国内几种主要传导渠道的现状进行分析，重点阐述货币政策传导受阻的首要表现是"脱实向虚"，即虚拟经济流动性泛滥与实体经济流动性不足共存。有限的供给端的流动性未能充分到达实体经济，出现资金"脱实向虚"。与此同时，在经济下行的压力下，到达实体经济的资金却出现了配置失衡，流动性错配更易酿成严重的结构失衡，出现大量产能过剩，疏通货币政策传导机制越显重要。自 2018 年中央经济工作会议强调"改善货币政策传导机制"以来，货币政策的着力点已由总量调控逐步转向结构优化。此外，本章详细地梳理了价格粘性与货币政策的相关研究理论，同时进行了述评。

第二章是中国货币金融环境与货币信贷政策分析。本章不仅刻画了目前我国的货币金融环境，而且概述了我国货币政策的实施情况，加强逆周期调节与结构调整是现阶段中国人民银行的决策重点，继续保持货币信贷合理增长的同时，推进信贷结构继续优化，以改革的做法疏通货币政策传导，充分发挥货币政策的"调结构"作用。尤其在普惠金融定向进入活力最强的民企、小微企业上下足功夫。在未来，始终坚持金融服务实体经济的根本原则，中国人民银行会继续改革完善 LPR 形成机制，降低企业融资成本，疏通货币政策传导渠道。

第三章是货币政策的有效性分析。本部分紧紧围绕目前货币政策在构建以利率为中介目标的货币政策框架和经济结构引导这两个有效性层面，以传统经典的利率渠道和信贷传导渠道为基础，考察货币政策的调控效果。一方面，在推进利率市场化改革"最后一公里"的迫切愿景下，面临体制遗留的约束条件以及尚未建立起以利率为中介目标的货币政策框架，从国债收益率角度，考察短期政策工具向长期收益率的传导强弱，这也正是评估货币政策效果的关键；另一方面，货币政策具有结构调整功能是近年来货币政策在供给侧发挥作用的重要体现。在信贷渠道的条件下，由于不同行业在资产负债表或者规模等方面具有差异，货币政策会对不同行业产生不同影响，进而具有调整行业结构的功能。具体来看，在进行理论分析的基础上，充分考虑我国货币政策转型期混合采用政策工具等特殊特征，在微观与宏观两个维度刻画收益率曲线的基础上，着重考察了不同类型货币政策在收益率曲线长短端的传导效果。不仅在理论上厘清货币政策通过收益率曲线短端传导至长端的作用机理，本部分也充分考虑中国货币政策框架转型期的阶段性特征，检验多种类型政策工具在收益率曲线上的传导效率，不依赖对货币政策指示器不同类型的初始判断。随后，利用 2014～2020 年我国信贷和货币政策的季度数据，基于 FAVAR 模型和 PVAR 模型，从信贷角度讨论我国结构性货币政策对重点领域的调控效果以及省级间的地区差异。结果发现，无论是传统工具，还是结构性工具，货币政策对宏观经济的调控都是显著有效的，但传统货币政策在定向推动"三农"、小微和扶贫领域的效果有限。结构性货币政策工具能够起到定向调控的作用。

第四章是中国行业价格粘性的测算。本章立足各种价格粘性的测度方法，初步尝试从中观层面入手，定位于行业价格的变动频率，探索性地研究行业价格粘性的动态特征，为下一章讨论价格粘性在货币传导机制中的表现做好数据铺垫工作。本章通过多方面对价格粘性的事实分析，发现不同行业的调价周期（频率）存在非常明显的异质性。其中，医药、家电的平均价格调整周期最长，分别为11.4个月和10.2个月，接近一年的时间。然而石油、石化、钢铁行业的平均价格调整周期相对较短；不同行业价格粘性的差异同样反映在价格调整幅度上，且行业价格上调倾向明显高于下调倾向；总类价格与产业价格粘性存在异质性。

第五章是价格粘性与货币政策传导：来自中国行业的证据。本章试图从中观层面解读当下货币传导调控失灵的根源，紧紧抓住影响供给侧关键行业价格的粘性差异，分析其导致的非理性投资对货币传导的阻滞影响，力图为继续创新调控思路和政策工具提供借鉴。为了回答中国行业价格粘性的异质性是否能够影响货币政策的调控效果，以及在多大程度上可以对货币政策传导效率做出贡献。基于这两个现实问题，构建价格粘性与货币政策存在关联的理论分析框架。然后，设计货币政策传导机制的有效性指标体系，建立价格粘性与货币政策传导效率之间的计量分析模型，在实证分析的基础上评估因存在行业价格粘性差异而产生的货币传导效率损失度。其中，在理顺"行业价格粘性→投资非理性→阻滞货币传导"的逻辑关系基础上，分别实证评估了价格粘性在利率渠道、信贷渠道和预期渠道中的影响机制，同时，我们也考虑了汇率渠道和资产价格渠道的影响。

第六章是主要结论与政策建议。本章首先总结了本书的主要工作与研究结论，并根据相关结论提出相应的政策建议。

# 四、研究方法

## （一）文献研究法

文献研究法主要针对理论分析阶段，通过搜集和整理相关的文献资料，对最新的理论研究成果进行归纳与总结，包括价格粘性的界定与测度，货币传导机制的相关金融理论以及价格粘性在新凯恩斯模型中的作用与机理等，为进一步的研究奠定文献和理论研究基础。

### （二）统计分析法

基于算术平均或者中位数等方法，从价格调整的频率、幅度、价格上涨下降倾向三个维度考察各类价格粘性指标及变化情况。例如，①价格调整频率：设定 $pn_{ij}$ 是产业 $j$ 下行业 $i$ 在有效观测样本中价格变化（上升/下降）的数量，设定 total 是观测值数量，计算 $i$ 行业价格变化频率 $fp_{ij}$ 的公式为 $fp_{ij} = \dfrac{pn_{ij}}{total_{ij}}$。②价格调整幅度：设定价格调整幅度为 $sp_{ijt}$，计算公式为 $sp_{ijt} = \left| \dfrac{p_{ijt} - p_{ijt-1}}{p_{ijt-1}} \right|$。其中 $sp_{ijt} \neq 0$，即剔除价格不发生变化的数据。③价格上涨下降倾向：设定价格变化指标 $C_{it}^{+}$、$C_{it}^{-}$，当 $p_{it} > p_{it-1}$ 时，$C_{it}^{+} = 1$，否则 $C_{it}^{+} = 0$；当 $p_{it} < p_{it-1}$ 时，$C_{it}^{-} = 1$，否则 $C_{it}^{-} = 0$。设定每个行业产品的价格上涨倾向为 gu，每个行业产品的价格下降倾向为 gd。计算公式分别是 $gu = \dfrac{\sum_{t} C_{it}^{+}}{\sum_{t} (C_{it}^{+} + C_{it}^{-})}$ 和 $gd = \dfrac{\sum_{t} C_{it}^{-}}{\sum_{t} (C_{it}^{+} + C_{it}^{-})}$。

### （三）微观计量方法

在实证层面使用微观计量模型，正确评估价格粘性的作用与影响。具体而言，在分析货币政策的传导有效性时，涉及时间序列分析中的增广因子向量自回归模型（FAVAR）、面板向量自回归（PVAR）、协整分析与格兰杰因果检验等方法。在评估商品价格粘性对传导效率的影响时，涉及最小二乘估计（OLS）、工具变量法（IV）、面板固定效应分析等计量工具。

# 第二章　中国货币金融环境与货币信贷政策分析

## 一、中国货币金融环境分析

2018 年央行采用的是稳健中性的货币政策。在实施过程中，已经多次强调金融的本质，加大金融对实体经济，尤其是促进小微企业发展的支持力度。

2019 年，为了坚持金融服务实体经济的根本任务，我国继续实施稳健的货币政策。央行强调了要加强逆周期调节与结构调整。保持货币信贷合理增长的同时，推进信贷结构继续优化，以改革的做法疏通货币政策传导，降低企业融资成本。因此，2019 年可以说是降成本的关键之年。

2020 年，新冠肺炎疫情，使得全球经济复苏迟缓。中国人民银行以习近平新时代中国特色社会主义思想为指导原则，将稳健的货币政策贯穿全年，灵活适度、精准导向，为"六稳""六保"工作任务，创造适宜的货币金融环境。一方面，综合运用结构性货币政策工具来增加中长期流动性，包括定向降准、中期借贷便利（MLF）等，使得货币市场利率整体下行，逐步降低实体经济融资成本。在 2018 年央行就进行了 4 次定向降准，同时搭配 MLF、抵押补充贷款等结构性工具释放中长期流动性。

另一方面，央行使用结构性货币政策工具对民营和小微企业发展进行大力支持。此时，中国人民银行也配合出台了《关于进一步深化小微企业金融服务的意见》，不仅创新信贷政策支持再贷款发放模式，而且增加 4000 亿元的支小支农再贷款和再贴现额度，分三次下拨。支小再贷款利率被下调了 0.5 个百分点。这些举措的实施，都在把好"流动性方向"的大关，"精准滴灌"发挥好结构性政策工具的作用，为的就是在结构上，能够将金融资源渗透民营企业、小微企业等重点领域和薄弱环节，改善金融服务效率，政策落到实处。

### （一）银行体系流动性充裕，利率整体下行

2018 年，中国人民银行进行了 4 次降准，配合开展 MLF 操作以加大中长期流动性释放力度。2020 年，为应对新冠肺炎疫情冲击和海外经济复杂多变的形势，中国人民银行继续及时调整政策力度和节奏，保持流动性总量与市场需求相匹配。通过综合使用降低存款准备金率、公开市场操作、再贷款与再贴现、MLF 等多种政策工具，保证复工复产的应急性流动性需求，把握好资金支持力度，逐步恢复合理的流动性水平。此外，通过提前公告等方式加强预期管理，熨平短期扰动因素，引导市场利率围绕央行政策利率波动。

我国货币政策调控框架从"数量型"为主向"价格型"为主逐步转型，从"量""价"两方面，来考察银行体系的流动性水平。"量"上，我们观察银行体系超额准备金水平，而不简单考察基础货币数量；"价"上，我们主要看货币市场利率尤其是银行间的资金价格。

从表 2－1 可以看出，金融机构超额准备金率从 2018 年末的 2.4% 下降到 2020 年末的 2.2%，下降了 0.2 个百分点。同期，DR007[①] 的中枢也明显下行，货币市场利率总体平稳，银行体系整体流动性比较充裕。

---

① DR007 是指银行间市场存款类机构以利率债为质押的 7 天期回购利率。

表2-1 2018～2020年中国"量"与"价"汇总

| 年份 | 金融机构超额准备金率（%） | DR007（%） |
| --- | --- | --- |
| 2018 | 2.4 | 2.6 |
| 2019 | 2.4 | 2.6 |
| 2020 | 2.2 | 2.2 |

资料来源：中国人民银行。

### （二）贷款增长合理，结构趋于优化，贷款利率明显下浮

2020年继续增加对小微企业、民营企业的金融支持，使得信贷支持实体经济的节奏不断加快。数据显示，2018年，我国金融机构本外币贷款余额为141.8万亿元，到2020年这一数额就增加到178.4万亿元，增加了36.6万亿元。人民币贷款余额也从2018年的136.3万亿元增加到2020年的172.7万亿元，年均增长率为12.6%。尤其为应对新冠肺炎疫情危机，2020年上半年，我国金融机构加大信贷投放力度，到第四季度才恢复正常合理增速。2020年的四个季度，我国贷款增量同比2019年同期，分别多增加1.3万亿元、1.1万亿元、2111亿元和1911亿元。

2018年以来，中国人民银行引导金融机构不仅增加了信贷投放，还加大对普惠口径小微企业贷款的支持，使得信贷结构不断优化，普惠小微贷款快速增长。2018年末，普惠小微贷款全年新增1.23万亿元，是2017年的2.3倍。2019年普惠小微贷款新增2.1万亿元，是上年增量的1.7倍，年末余额增速为23.1%，2020年普惠小微贷款增加3.5万亿元，同比多增1.4万亿元。总量上，2020年末普惠小微贷款余额15.1万亿元，同比增长30.3%，较2019年末提高7.2个百分点。

从贷款类型看（见表2-2），住户贷款增速高位继续放缓，较为平稳，2020年相对于2019年下降明显，比2018年末低4个百分点；非金融企业及机关团体贷款同比增多，2020年末较年初增加12.1万亿元。其中，制造业中长期贷款增速为35.2%，连续14个月上升。而变化最为明显的是非银行金融机构贷款，同比增速连年下降，2020年甚至降低了47.9%。

表2-2　2018~2020年人民币贷款结构　　　　单位：万亿元

| 贷款类型 | 2018年 | 同比增速（%） | 2019年 | 同比增速（%） | 2020年 | 同比增速（%） |
|---|---|---|---|---|---|---|
| 人民币各项贷款 | 136.3 | 13.5 | 153.1 | 12.3 | 172.7 | 12.7 |
| 住户贷款 | 47.9 | 18.2 | 55.3 | 15.5 | 63.2 | 14.2 |
| 非金融企业及机关团体贷款 | 86.8 | 10.5 | 96.3 | 10.9 | 108.4 | 12.6 |
| 非银行金融机构贷款 | 1.1 | 69.2 | 1.0 | -8.7 | 0.5 | -47.9 |
| 境外贷款 | 0.5 | 14.8 | 0.5 | 5.8 | 0.6 | 13.6 |

资料来源：中国人民银行。

如图2-1所示，2018~2020年LPR小幅下降，我国贷款加权平均利率下行趋势明显。2019年，1年期LPR很长时间维持在4.31%的水平，到12月，降至4.15%，2020年基本维持在3.85%的水平，5年期以上LPR在2019年末降至4.8%，降到2020年则继续下降0.15个百分点，降至4.65%。LPR报价机制改革后，贷款利率明显下降。2020年末，贷款加权平均利率低至5.03%，同比下降0.41个百分点。从趋势上看，始终较LPR改革之前不断创造新低。贷款利率的下降幅度明显超过LPR降幅，这样的结果充分表明LPR的方向性与指导性，反映出LPR改革后，金融机构增强了自主定价能力，LPR促进贷款利率下行的作用显著。

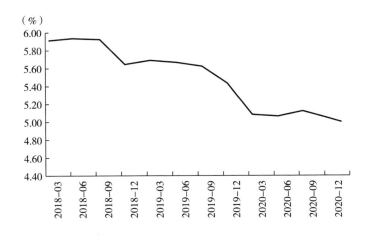

图2-1　中国金融机构人民币贷款加权平均利率走势

资料来源：Wind数据库。

### （三）货币供应量、社会融资规模增长合理

2018 年，我国广义货币供应量 M2 增速趋于平稳，与名义 GDP 增速持平。截至 2018 年末，M2 余额为 182.7 万亿元，相较于 2017 年同期增长了 8.1%。狭义货币供应量 M1 余额为 55.2 万亿元，相较于 2017 年同期增长了 1.5%。流通中货币 M0 余额为 7.3 万亿元，相较于 2017 年同期增长了 3.6%。2018 年 1～9 月，我国现金净投放量为 609 亿元，相较于 2017 年同期减少了 836 亿元。2018 年，M2 增速基本与名义 GDP 增速保持一致。总体来看趋于平稳，保持在 8% 以上的水平。

2019 年，我国广义货币供应量 M2 增速略高于国内生产总值名义增速。2019 年末，M2 余额为 198.6 万亿元，同比增长 8.7%。狭义货币 M1 余额为 57.6 万亿元，同比增长 4.3%，流通中货币 M0 余额为 7.7 万亿元，同比增长 5.5%。2020 年，M2 余额为 218.7 万亿元，同比增长 10.1%。M1 余额为 62.6 万亿元，同比增长 8.7%，M0 余额为 8.4 万亿元，同比增长 9.1%。

表 2－3 汇总了我国 2018～2020 年社会融资规模的变化情况。总体可知，2018～2020 年，社会融资总规模增长迅速，从 2018 年的 200.75 万亿元增长至 2020 年末的 284.83 万亿元。结构上也有较为明显的改善，呈现以下特点：第一，人民币贷款逐年高速增加。金融机构对实体经济发放的人民币贷款增量为 36.91 万亿元，占同期社会融资规模增量的 43.9%。第二，表外三项中，委托贷款和未贴现的银行承兑汇票降幅明显收窄，信托贷款的降幅表现出先收窄其后大幅下降的态势。第三，企业债券的融资同比增加，2020 年更以 17.7% 的增速，实现了 27.62 万亿元的总量规模。股票融资同样实现了大幅增长，但总量增加相对于企业债券还很有限，非金融企业境内股票融资在 2020 年达到 8.25 万亿元，比上年同期多 0.89 万亿元，比前年同期多 1.24 万亿元。第四，自 2019 年 12 月，中国人民银行将"国债"和"地方政府一般债券"都纳入社会融资规模的统计口径中。与原有"地方政府专项债券"合并到了"政府债券"这一指标中。2020 年底，政府债券融资比上年明显增多，高达 46.06 万亿元，增幅是社会融资规模结

构中最高的，达到 22.1%。

表 2 - 3　2018～2020 年社会融资规模变化

| 融资类型 | 2018 年 | | 2019 年 | | 2020 年 | |
|---|---|---|---|---|---|---|
| | 存量<br>（万亿元） | 同比增速<br>（%） | 存量<br>（万亿元） | 同比增速<br>（%） | 存量<br>（万亿元） | 同比增速<br>（%） |
| 社会融资规模 | 200.75 | 9.8 | 251.31 | 25.2 | 284.83 | 13.3 |
| 其中：人民币贷款 | 134.69 | 13.2 | 151.57 | 12.5 | 171.60 | 13.2 |
| 外币贷款（折合人民币） | 2.21 | -10.7 | 2.11 | -4.5 | 2.10 | -0.5 |
| 委托贷款 | 12.36 | -11.5 | 11.44 | -7.4 | 11.06 | -3.3 |
| 信托贷款 | 7.85 | -8.0 | 7.45 | -5.1 | 6.34 | -14.9 |
| 未贴现的银行承兑汇票 | 3.81 | -12.6 | 3.33 | -12.6 | 3.51 | 5.4 |
| 企业债券 | 20.13 | 9.2 | 23.47 | 16.6 | 27.62 | 17.7 |
| 政府债券 | 7.27 | 32.6 | 37.73 | 419.0 | 46.06 | 22.1 |
| 非金融企业境内股票融资 | 7.01 | 5.4 | 7.36 | 5.0 | 8.25 | 12.1 |

资料来源：中国人民银行。

### （四）汇率总体平稳，双向浮动弹性增强

2018 年至今，我国人民币对"一篮子"货币汇率基本保持稳定。对美元双边汇率弹性有所增强，双向浮动特征表现明显，总体上预期较为平稳。

从人民币汇率形成机制改革至 2020 年底，我国人民币的名义和实际有效汇率大幅升值，分别升值了 37.67%、51.32%。2020 年，人民币对美元汇率中间价为 6.5249 元，较上年末升值 6.92%。持续升值的态势也对企业出口影响显著，这在前文的汇率渠道中已经有所阐述。尤其在 2020 年，我国率先走出新冠肺炎疫情阴霾，经济基本面不断修复，人民币对美元汇率转为升值。2019 年和 2020 年人民币对美元汇率年化波动率分别为 4.0% 和 4.5%。

2020 年，我国跨境人民币业务保持合理增长。相较于 2019 年，我国跨境人民币收付金额合计 19.7 万亿元，同比增长了 44%。2020 年跨境人民币中实收 14.1 万亿元，实付 14.3 万亿元，收支基本平衡。其中，资本项目人民币收付金额合计 21.6 万亿元，同比增长 59%。

# 二、中国货币信贷政策的现实情况

为了落实好"六稳"方针，我国央行从 2018 年至今，继续执行稳健中性的货币政策，前瞻性地采取逆调节措施来应对错综复杂的内外环境变化，在保持货币信贷和社会融资规模合理增长的同时，进一步疏通货币政策传导机制以促进经济金融良性循环。

## （一）公开市场操作更加日常、灵活

为保持银行业流动性合理充裕，中国人民银行主要以 7 天期逆回购为主灵活开展公开市场操作，提高操作的前瞻性和主动性，并综合运用降准、再贷款、再贴现、MLF 等工具投放中长期流动性，使其供求平衡，改善银行体系流动性期限结构。

同时，为了进行有效的市场沟通，改善预期管理效果，央行也通过《公开市场业务交易公告》提前公布操作，加强市场沟通，提高货币政策透明度，稳定市场微观主体的预期。央行继续通过 LPR 传导进一步降低民营和小微企业的融资成本，货币市场利率中枢下行，DR007 中枢从 2018 年的 2.6% 左右下降到 2020 年的 2.2% 左右。MLF 利率是中期政策利率，对市场中长期利率的引导效果显现，下行趋势明显说明释放货币政策强化了逆周期调节的信号。

## （二）MLF、SLF 操作保证基础货币供给

央行适时开展 MLF 和 SLF 操作来保证基础货币供给。2020 年，为发挥政策利率引导功能，央行已经累计开展 1 年期限的中期借贷便利操作 5.1 万亿元，采取招标方式，中标利率在 4 月下降至 2.95%，比 2 月的 3.15% 中标利率下降 0.2%。

作为利率走廊上限作用的常备借贷便利利率也被下调至低位，以加大对市场流动性支持，促进货币市场运行。2020 年第二季度，隔夜、7 天、1 个月常备借贷便利利率分别为 3.05%、3.20%、3.55%，与 2018 年同期相比均下降。

### （三）三年连续下降存款准备金率

2018 年全年，中国人民银行总共下调四次金融机构存款准备金率，目的是加大金融机构对小微、民营企业的信贷支持力度。其中，4 月和 10 月，中国人民银行分 2 次下调大型商业银行存款准备金率 1 个百分点。其他类型的商业银行，如股份制商业银行、城市商业银行、非县域农村商业银行和外资银行的存款准备金率也被同样下调 1 个百分点，总共净释放了约 1.15 万亿元。2018 年 7 月，央行继续下调人民币存款准备金率 0.5 个百分点，用于"债转股"和小微企业融资等重点领域的资金支持。

2019 年，中国人民银行继续下降基调。全年共下调了三次金融机构存款准备金率，定向降准共释放流动性约 4000 亿元，全部用于发放小微、民营企业贷款。其中，1 月和 9 月，下调金融机构存款准备金率共 1.5 个百分点，释放长期流动性约 2.3 万亿元。自 5 月起分三次定向下调服务县域的农商行存款准备金率 2~3.5 个百分点至农信社档次，自 10 月起分两次下调仅在本省经营的城商行存款准备金率 1 个百分点。

2020 年，中国人民银行继续三次下调金融机构存款准备金率，与以往不同，这一年还一并下调了超额存款准备金率，加大支持经济、恢复发展。其中，1 月份中国人民银行下调金融机构存款准备金率 0.5 个百分点，4 月下调农村商业银行、农村合作银行、农村信用社、村镇银行和仅在本省级行政区域内经营的城市商业银行存款准备金率 1 个百分点，释放长期资金约 4000 亿元。同时，将金融机构在央行超额存款准备金利率从 0.72% 下调至 0.35%。

连续三年下调金融机构存款准备金率，央行只有一个最终目的，即增加金融机构支持实体经济的稳定资金，以降低支持小微、民营企业等的资金成本，毕竟此轮新冠肺炎疫情对很多行业企业的负向冲击较大，稳定经济恢复成果还需金融供给端不断发力，但稳健货币政策取向始终没有改变。

### （四）加大应对冲击的信贷支持力度

2018 年，央行面对复杂的经济金融形势，借鉴国际经验，进一步创新和运用结构性货币政策工具，着力提高金融支持力度。例如，央行通过 4 次定向降准引导金融机构加大对"三农"、小微等普惠领域的支持力度。同时，创新采用"先贷后借"的报账方式，将资源快速引到民营、小微企业；扩大再贷款的合格担保品范围，将普惠金融小微企业贷款考核口径，从单户授信 500 万元以下扩至 1000 万元以下；增设专项指标等宏观审慎评估（MPA）方法；创新推出了民营企业债券融资支持工具；定向中期借贷便利（TMLF）工具的投入使用，使金融机构获得了长期优惠利率的流动性。总体来看，结构性货币政策工具的运用，使得金融支持实体的效果得到改善。

2020 年以来，新冠肺炎疫情在全球蔓延。目前，200 多个国家和地区都出现了大量确诊病例。因此，封城、停工、隔离等成为各国"不得已而为之"的措施，在疫苗还未普及的时期，除必需品生产以外的经济基本处于停滞状态。新冠肺炎疫情还影响了全球投资者预期，国际金融市场"黑天鹅"事件频发。在这样的大环境下，我国为了对冲新冠肺炎疫情影响，不断加大货币信贷支持力度。2020 年，春节开市后向金融市场提供了 1.7 万亿元短期流动性，稳定市场预期。全年三次降低存款准备金率，提供 1.75 万亿元长期流动性。央行在 2020 年底完成了 3000 亿元专项再贷款，5000 亿元再贷款、再贴现额度，1 万亿元再贷款、再贴现额度，共计 1.8 万亿元，支持抗疫保供、复工复产和中小微企业等实体经济发展，生产生活快速恢复，就业形势持续改善。

2020 年 12 月 31 日，国家发布《关于继续实施普惠小微企业贷款延期还本付息政策和普惠小微企业信用贷款支持政策有关事宜的通知》（银发〔2020〕324号），规定延长普惠小微企业贷款延期还本付息政策期限和延长普惠小微企业信用贷款支持政策期限，这两项政策延期至 2021 年 3 月 31 日。2020 年末，我国累计发放普惠小微信用贷款 3.9 万亿元，相较于上年增加 1.6 万亿元。

金融全面支持小微、民营企业，缓解了小微企业融资难问题，我们从这三年来的部署行动上看到了党中央的决心，让实体部门真真切切享受到经济发展的果实，获得感逐年增强。

**（五）信贷政策的结构引导作用得到发挥**

为了推进金融支持"稳企业、保就业"，我国继续推进金融供给侧结构性改革，并将其与信贷政策的结构性调整进行结合，做好经济结构优化、民生领域普惠等金融服务工作，引导金融资源配置，满足社会经济主体的融资需求，提高经济体的活力。

首先，继续深化小微企业金融服务。继续贯彻实施普惠小微企业贷款延期还本付息政策和普惠小微信用贷款支持，加强市场预期管理。同时，也要继续加大创业担保贷款政策支持就业重点群体和困难人群创业就业。

其次，鼓励引导银行业金融机构优化服务制造业的转型升级，重点配合好产业升级政策与金融政策，尽快妥善处理过剩产能行业债务高企、僵尸企业难以退市等问题。

最后，持续做好金融资源进入乡村振兴事业工作。引导金融机构发挥涉农、助农主体作用，使得稀有的金融资源配置到振兴农村经济中。尤其在支农再贷款专用额度上，支持生猪养殖、春耕备耕的信贷投放，做好农业投资领域的金融服务工作。

总的来说，秉承金融服务实体经济的根本要求，我国在优化信贷结构上成效显著。2018 年至今，继续实施稳健的货币政策，发挥货币政策的供给效应，加大结构调整力度，立足用改革方法优化金融资源配置效率，尤其在普惠金融定向进入活力最强的民营、小微企业上下足功夫。2019 年以来，较好地发挥了贷款市场报价利率（LPR）引导降低企业融资成本的作用。在未来，中国人民银行会继续改革完善 LPR 形成机制，疏通货币政策传导。

# 第三章　货币政策的有效性分析

## 一、引言

最初对货币政策有效性的理论争论集中于菲利普斯曲线。在此基础上，萨缪尔森和索罗发现，通货膨胀率和失业率是负向关系，直到20世纪60年代末弗里德曼指出，通货膨胀率和失业率不是负向关系。长期菲利普斯曲线很可能垂直，企图通过通货膨胀降低失业率的做法是行不通的。20世纪70年代石油危机引发的恶性通胀促使货币政策制定者开始执行货币供给量稳定增长的货币政策。20世纪70年代美联储开始使用以M1增长率为中介目标的货币政策战略。卢卡斯掀起的理性预期革命也质疑了货币供给量稳定增长的货币政策和此前的相机抉择。20世纪80年代有关货币政策的争论又掀起了新热潮，因为1980年以来美国M1和产出之间的稳定关系不复存在，美联储宣布放弃以M1为货币政策目标。经济学家们重新开始尝试用新的理论和计量模型来检验货币政策的有效性，探索作为衡量货币政策的指标以及货币政策传导机制。被多数学者认可的是，货币政策的失效虽然与理性预期相关，但问题更可能出在货币传导机制上。

如何打开影响货币政策有效性经济动因的"黑箱"？理论层面，利率渠道指出货币政策作为外生冲击通过利率改变了资本成本而影响私人部门的投资决策。但从市场不完全性视角出发，信贷渠道认为金融市场摩擦导致了信息不对称问题，货币政策将通过信贷供给对实体经济产生影响。一些研究表明，对于发展中国家来说，欠发达的金融市场使货币政策传导渠道受阻，而随着金融市场的发展，经济中私人部门的参与度不断提高，货币政策传导机制逐渐成熟，货币政策的有效性也不断提升。

我国正处于"由量向价"的货币政策框架转型时期，货币政策的有效性不可避免地也在大幅下降。经历 2008 年全球金融危机以后，我国经济增速放缓已成必然趋势。受 2020 年突如其来的新冠肺炎疫情冲击，央行更是综合使用降准、再贷款、再贴现、中期借贷便利（MLF）、公开市场操作等结构性货币政策工具对经济进行定向调控，以改善产业结构，促进经济增长。2008 年至今，我国 M2 增长率从 2000 ~ 2007 年年均增长率高达 17.5% 的情况逐年恢复"正常化"的增长速度，在经济增速放缓、亟待经济转型的大背景下，我国从高速增长转向高质量发展战略，离不开货币政策平抑经济波动的有效发挥。在实际政策操作中，近年来中国人民银行的操作风格转变明显，从过去过于依赖直接信贷管理的调控方式，逐渐向精准化流动性管理间接影响信贷市场过渡，以流动性为目标的供给侧调控更加突出。这也是从 2011 年外汇占款萎缩导致银行体系流动性出现骤变的必然选择。

多次的政府报告明确指出"我国货币政策存在传导机制不畅的问题"。信贷渠道、利率渠道都还不能最大化发挥其传导作用。尤其是我国的利率传导渠道还较为闭塞，不同期限的收益率之间不能进行很好的传导，所以早期来看，主要以数量型政策工具为主（盛松成和吴培新，2008）。事实上，货币政策操作工具也不能再简单划分为数量型和价格型，还包括很多结构性货币政策工具，如 MLF、SLF、定向 MLF、公开市场操作、抵押补充贷款等，共同进行流动性调节和市场利率引导。同时，转型时期的货币政策对结构调整的作用效果，也成为近期研究关注的重点。

因此，本部分紧紧围绕目前货币政策在构建以利率为中介目标的货币政策框架和经济结构调控这两个有效性层面，以传统利率和信贷传导渠道为基础，考察货币政策的调控效果。一方面，在推进利率市场化改革"最后一公里"的迫切愿景下，面临体制遗留的约束条件以及尚未建立起以利率为中介目标的货币政策框架，从国债收益率角度，考察短期政策工具向长期收益率的传导强弱，这也正是评估货币政策效果的关键；另一方面，货币政策具有结构调整功能是近年来货币政策在供给侧发挥作用的重要体现。基于信贷渠道的条件，由于不同行业的资产负债表或者规模等具有差异，货币政策会对不同行业产生不同影响，进而具有调整行业结构的功能。立足于当下货币政策主要任务转换为支持实体经济发展，我们也会重点考察货币政策在调整资源配置、经济结构等方面的作用。

# 二、货币政策传导有效性的理论基础

目前，已有研究利率传导效率的相关文献，多数集中在分析利率对总产出等实际经济变量的传导效果，但对不同市场之间利率传导的相关研究甚少。即便是关注银行的存贷款利率变化，也主要关心外部环境等因素对存贷款利率的作用机制，仅有较少文献检验了政策利率向其他长期利率的传导效率。比较有代表性的是郭豫媚等（2019）的研究，他们得到了贷款利率浮动限制放开之后，货币市场利率对贷款利率的传导效率显著提升的结论。在利率传导效率比较层面，研究者关注的焦点主要集中在政策利率的选择。存贷款基准利率长期以来是我国利率体系中的关键政策利率，但并不满足价格型货币政策工具的要求。价格型货币政策要求中介变量能够真实反映市场资金供求，而我国目前关注的存贷款基准利率则具有很大的局限性。由此可见，作为价格型货币政策框架下的政策利率，向其他金融市场利率传导，能否具有良好的传导效率是政策转型过程中的重要一环。

我国经济发展阶段处于"新常态"，结构性矛盾比较突出。货币政策既要兼顾总量，又要进行结构调控，货币政策调控框架转型等多重因素增加预期管理的难度（徐亚平和李甜甜，2017）。一些经济体制性矛盾因素也制约结构性货币政策的有效性，尤其加大了"调结构"的难度。从信贷角度讨论我国货币政策对结构调控的相关研究，基本得出了一个具有普适性的结论：货币政策具有显著产能调控功能，而调控作用的大小与行业特征差异以及货币政策工具类型有关。因为近年来"脱实向虚"和实体经济部门内部信贷资源错配问题日益凸显，大量国内学者开始关注货币政策微观传导机制的差异化效应，认为银行体系金融资源配置的风险厌恶特征导致了"行业歧视"等现象，进而导致调控目标的偏离。彭俞超和方意（2016）对两类数量型和两类价格型结构性货币政策促进产业结构升级和经济稳定的有效性进行了深入分析。战明华等（2021）则强调在转型经济背景下，传统的非结构性货币政策，也同样具有结构调控功能。Dedola 和 Lippi（2005）对 OECD 国家相同行业的货币政策传导效果的差异性进行研究，发现 21 个行业之间的货币政策效果差异很大，而不是国别差异。

在有效性测度层面，相关研究主要是从两方面展开：一方面是由于实际经济运行中货币政策最终要影响实际产出，学者们采用各种 VAR 系列模型比较不同时期和不同类型政策工具下，以最终政策目标对政策工具的反映程度来衡量货币政策有效性的大小。Boivin 等（2009）通过构建因子扩展向量自回归模型（FA-VAR）测算了粘性价格下美国货币政策的有效性。Korobilis（2013）则构建时变参数因子扩展向量自回归模型（SV－TVP－FAVAR）研究了美国价格型货币政策工具的动态传导机制问题。张龙和金春雨（2018）同样利用 SV－TVP－FA-VAR 模型，通过波动指数测算了我国数量型和价格型货币政策的有效性，结果发现在经济萧条时，以降低物价和促进经济为目标，数量型货币政策更有效，以刺激产出、提高就业、促进私人经济发展以及推动金融市场发展为目标时，价格型货币政策更有效。郝冬冬等（2018）则认为无论是哪种调控类型，都最终取决于中介目标的传导效率。戴金平和刘东坡（2016）考虑了我国经济发展过程中的结构突变特征，利用 TVP－SV－FAVAR 模型进行测算的结果发现，相较于价格型货币政策，数量型货币政策对宏观经济的调控作用更加明显。刘达禹等（2016）也采用同样的方法实时对比了数量型和价格型工具的有效性，认为需要更加关注总量调控的使用。

另一方面在理论和微观层面上研究货币政策传导效率的影响机制。在理论层面，隋建利等（2011）构建符合中国经济特征的新凯恩斯货币动态随机一般均衡模型（DSGE 模型），利用贝叶斯统计推断方法测度了我国货币政策的有效性。他们发现我国货币政策并不遵循"泰勒规则"模式，经济系统处于非决定性均衡路径中，一定程度扭曲了市场供需反应信号。杨熠等（2013）也利用 DSGE 模型刻画了国有、民营企业以不同利率获得贷款的非完全市场化经济环境，发现货币政策对国企、民企的影响具有非对称特征，导致货币政策的效果和目标脱节。同样从我国经济发展体制的特殊性出发，刘伟（2011）认为现阶段我国宏观政策结构方式的特殊性与货币政策的有效性关系密切。刘金全等（2017）对托宾 Q 理论进行修正，将前瞻性利率规则引入 DSGE 模型框架，并在理论层面发现名义利率调整能够有效促进资产价值修复，进而拉动实体经济。杨源源等（2017）在理论模型中观察不同预期下经济冲击对宏观经济波动的影响，进而讨论了货币政策的有效性。他们发现价格型调控比数量型调控能更有效降低经济波动，数量型调控仍在局部情形中占据优势。无论哪种货币政策工具，异质性预期相较理性预期更能放大总供给和总需求冲击造成的通胀、产出均衡偏离。

在微观层面，大量国内学者开始关注货币微观传导机制的差异化效应，因为随着发展方式的转变和政策精准性的提升，对异质性效应进行深入的考察和量化蕴含着丰富的政策内涵。现有文献对异质性的常规处理方法是基于所有制、行业等结构化差异特征进行分组检验（张成思和郑宁，2019），但分类标准众多且存在交叉，难以有效识别微观传导机制结构性差异的全貌。直接表现是资源错配和货币传导机制不畅在近年来的文献中屡被提及，却鲜有深究，定量研究还比较匮乏。比较有代表性的是杨继生和向镜洁（2020）的研究，他们建立交互效应面板分位数回归模型测度了货币政策对实体企业流动性的异质性效应，初步展现了货币政策对微观主体传导效果的分布结构。

总之，货币政策支持实体经济高质量发展的关键在于疏通货币政策传导机制，势必要引导稀缺资源进入重点领域和薄弱环节。在货币政策兼具调结构的重任下，基于异质性视角一定程度上可以解释我国货币政策传导机制不畅的原因，而从微观层面深入分析货币政策对流动性配置的差异化影响至关重要。

# 三、中国货币政策利率传导的有效性

从数量型向价格型调控的转型过程中，中国货币政策框架势必是"非典型"的。发达国家中，美国主要集中于利率传导路径的研究，即利率变化如何作用于实体经济、增加产出，政策利率向金融市场利率的顺利传导是美国利率传导的基本假设。我国则尤其要关注政策利率如何传导到其他金融市场利率上，不同市场之间并未高度关联，政策套利空间仍然存在，"顺理成章"的基本假设在我国则成为货币传导有效性的关键环节。因此，以发达国家为背景的模型假设很多并不适用于中国国情。

党的十八届三中全会明确提出"加快推进利率市场化，健全反映市场供求关系的国债收益率曲线"，基于推进利率市场化改革"最后一公里"的迫切愿景，面临体制遗留的约束条件以及尚未建立起以利率为中介目标的货币政策框架，中国向以政策利率为中介目标的新货币政策框架转型过程中，所面临的首要挑战并非是利率向实体经济的传导效率，而是政策利率向其他市场利率，尤其是向债券收益率传导的有效性问题。

## （一）关键变量的测度与剖析

### 1. 收益率曲线

相对于单一方法对收益率曲线的描述，我们分别利用微观与宏观方法，多维度地考察收益率曲线的变化特征。基于中债国债的到期收益率的日度数据，利用多种到期期限，从微观模型提取三因子方法与宏观数据经验分析两个角度对收益率曲线进行测度。

具体来看，使用最大似然因子法来拟合国债收益率曲线，通过提取其中的各项因子来代表收益率曲线发生的各种变化。最大似然因子法是通过提取三个主要成分因子，包括水平因子、斜度因子和曲度因子来表示收益率曲线变动的情况，通过这三个因子的数据变化可以有效解释收益率曲线的形状。关于国债数据的选择，由于我国债券市场发展并不完善，出于对数据完整性和时效性的考虑，选取2002年1月至2020年10月中债国债的到期收益率的日度数据，总计226个月，债券的到期期限分别为1个月、3个月、6个月、1年、2年、3年、5年、10年、20年、30年，这些数据均来自Wind数据库。

考虑到数据中存在无用信息和噪声问题，我们运用卡尔曼滤波器①对原始数据进行处理。因子分析的结果中，通过采用单位根检验（ADF）得到各期限收益率指标平稳；因子特征值的碎石图中发现前三个影响因子较大，分别为76.5%、15.6%和4%，总和超过96%，说明国债到期收益率的表现形式主要受到这些因子的影响；经过KMO检验，变量检验结果均显示超过0.8，整体数值均值超过0.85，说明变量间存在较强的相关性。根据已有文献的做法，将三个主要影响因子定义为水平因子（Level）、斜度因子（Slope）和曲度因子（Curve）。

继续从宏观经验数据中刻画收益率曲线，借鉴已有学者的做法，分别选取3个月期国债到期收益率（即短期利率）、（10年－3个月）期限利差以及（3个月＋10年－3年）的蝶状利差作为水平、斜率、曲度因子的代理变量。我们将收益率曲线的描述统计在表3－1中。

表3－1　国债收益率曲线的拟合与刻画

| 变量 | 样本数（个） | 均值（%） | 中位数（%） | 标准差（%） | 最大值（%） | 最小值（%） |
|---|---|---|---|---|---|---|
| Level | 4701 | 0.064 | －0.006 | 1.410 | 4.108 | －3.383 |
| Slope | 4701 | －0.038 | －0.113 | 1.275 | 3.387 | －3.109 |
| Curve | 4701 | 0.181 | 0.242 | 1.302 | 4.746 | －6.463 |
| 短期利率 | 4701 | 2.295 | 2.295 | 1.230 | 5.581 | －0.706 |
| 期限利差 | 4701 | 1.003 | 1.041 | 1.152 | 4.450 | －2.011 |
| 蝶状利差 | 4701 | 3.046 | 3.025 | 1.128 | 6.058 | －0.580 |

---

① 卡尔曼滤波运用空间向量迭代的方式，最小化估计结果使之与实际值更加接近的状态，用于剔除噪声影响。

比较两种测度结果。图 3 - 1 至图 3 - 3 分别给出了两种测度结果的变化趋势。从整体来看，水平因子与短期利率、斜度因子与期限利差、曲度因子和蝶状利差的变动相似程度很高。其中，短期利率和水平因子曲线的走势趋同性很高（见图 3 - 1）。2002~2006 年和 2014~2017 年两个时间段表现尤为明显。短期利率和水平因子会在央行调整货币政策之后都出现同向变化，但水平因子整体波动幅度较短期利率而言更剧烈。例如，2011 年，法定存款准备金调整至一次峰值，高达 21%，短期利率和水平因子在那时都呈现较高的数值。

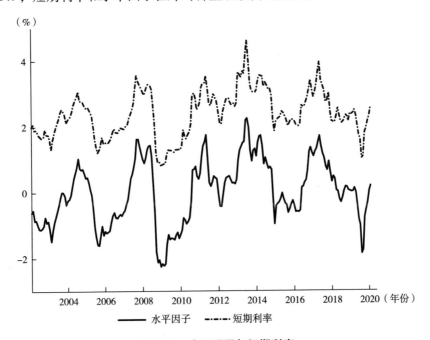

**图 3 - 1　水平因子与短期利率**

同样，期限利差和斜度因子曲线存在较高趋同性。在多次斜度因子出现负值时，市场上真实的长短期利差也呈现出下降趋势（见图 3 - 2）。多个时间节点出现同向变化，甚至由正转负，说明斜度因子与期限利差具有联动性，展现较好的代表作用。斜度因子变化幅度更明显，表现在 2005 年、2014 年和 2015 年。宏观测度的期限利差波动幅度较为稳定，且保持在高位。

曲度因子和蝶状利差的曲线从趋同性的角度来看，趋势大体一致，但存在波动幅度差异（见图 3 - 3）。2013 年后，曲度因子波动幅度较大，且变化频率也较

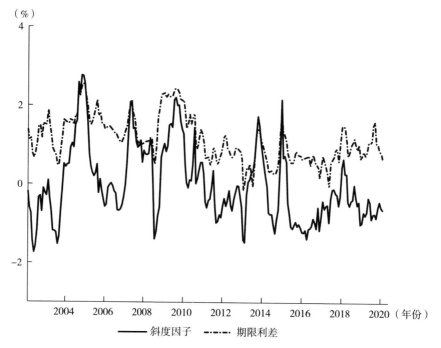

图 3 - 2　斜度因子与期限利差

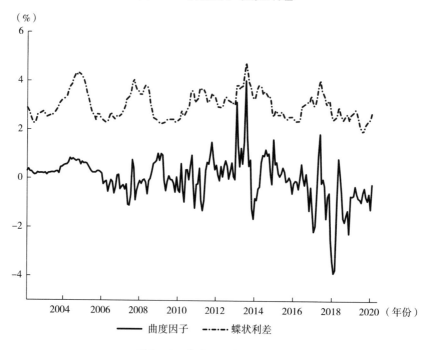

图 3 - 3　曲度因子与蝶状利差

为明显，很可能是 2013 年后出现结构性货币政策工具。2013～2015 年，法定存款准备金和基准利率趋于稳定，但曲度因子和蝶状利差在此时都出现了峰值，这是因为此时央行采用了中期借贷便利这一结构性政策工具，其影响在曲度因子和蝶状利差上表现极为明显，于是两条曲线的上升、下降与中期借贷便利利率变动同步。

综上所述，通过因子分析所得的三个因子与水平、斜度、曲度度量指标之间具有一定的代表性，且存在波动幅度的差异，能够真实反映国债到期收益率的真实情况，具有参考价值。结合我国货币政策工具的使用情况可知，曲线的波动与陡峭程度都与政策工具的调整期高度契合。我国正处于货币政策的转型期，各项货币政策工具会对收益率曲线产生不同程度的影响。

2. 货币政策

传统货币政策工具包括法定存款准备金率、再贴现率和公开市场操作，主要作用于市场中的货币供给量和利率，也存在消费者信用控制、证券市场信用控制等一些选择性的工具，用于特殊领域的信用规模结构调节。数量调控工具，本书选取了法定存款准备金率（RR），价格调控工具我们采用了银行间存款质押 7 天回购利率（DR007），是货币市场重要的短端实际利率。

新型货币政策工具，也被称为结构性货币政策工具，包括常备借贷便利、中期借贷便利、临时性借贷便利、短期流动性调节工具、抵押补充贷款等。常备借贷便利用于支持金融机构期限较长的流动性需求，引导短期市场利率；中期借贷便利则用于引导中期市场利率的形成；临时性借贷便利主要支持期限较短的流动性需求；短期流动性调节工具是公开市场操作的重要补充，是证券交易时的基本操作工具；抵押补充贷款则主要支持一些开发性金融项目，为其提供低成本、长期稳定的资金支持，所以结构性货币政策工具的使用更具针对性。本书选取常备借贷便利利率（SLF）和中期借贷便利利率（MLF）作为新型货币政策的代理变量。因此，选取两个传统政策工具与两个新型政策工具，对收益率曲线的影响进行考察。

值得说明的是，关于货币政策的考察，我们也可以分别观察数量型和价格型货币政策工具的作用差异，为了从数据实证结果的角度考虑收益率曲线的主要调节方式，并且检测货币政策向收益率曲线传导的结果，将从两个方面进行研究。借助格兰杰因果检验方法判断货币政策是否影响收益率曲线，同时区别出收益率曲线是否也会反作用于央行对货币政策的决策与实施，不仅可互相佐证宏微观层面的实证结果，而且能够为此后的央行宏观调控提出相应的参考。

### （二）建立利率传导的理论框架与实证模型

本书在新凯恩斯一般均衡框架下引入高斯仿射利率期限结构模型 ATSM，构建货币政策与利率期限结构的理论联系。模型同时考虑了宏观货币政策与收益率曲线定价因素，搭建了宏观经济变量与利率期限结构理论的桥梁。本书的建模思想是家庭效用来自消费，其消费水平决定在跨期条件下的随机折现因子。同时，家庭可投资不同期限的债券，以匹配未来消费，从而影响相应期限的债券收益率。央行所实行的货币政策以随机折现因子为媒介对债券定价以及收益率产生影响。收益率曲线的斜率表示为长期和短期债券的期限利差，就应随名义短期利率而变。

#### 1. 家庭决策

居民效用来源于消费 $C_t^*$。家庭对消费 $C_t^*$ 和债券资产持有 $Q_t$ 进行决策，优化后的家庭决策效用函数可表示为：

$$U_t = \left\{ (1-\alpha)(C_t^*)^{\frac{1-\beta}{\tau}} + \alpha(E_t[U_{t+1}^{1-\beta}])^{\frac{1}{\tau}} \right\}^{\frac{\tau}{1-\beta}} \qquad (3-1)$$

其中，$\alpha$ 表示名义贴现率，$\beta$ 表示风险厌恶系数，$\tau$ 表示跨期产品的替代效应，且在家庭消费 $C_t^*$ 与休闲 $L-L_t$ 之间存在递归效应：

$$C_t^* \equiv C_t(\overline{L} - L_t)^{\theta} \qquad (3-2)$$

其中，$L$ 表示每个家庭的平均时间资源，$L_t$ 表示每个家庭可以提供的劳动时间。家庭决策受约束于收入预算：

$$C_t + \frac{Q_{t+1}}{R_{t+1}^{(n)}} = Q_t + W_t L_t \qquad (3-3)$$

其中，下一期的债券持有为当期购买的债券资产获得的总收益，$W_t$ 表示名义工资率。$R_t^{(n)}$ 表示 t 时期 n 期债券收益率。根据家庭最优化问题的一阶条件，我们得到代表性家庭的跨期状况与随机折现因子（Stochastic Discount Factor,

SDF)，表示为：

$$M_{t+1} = \alpha \left( \frac{C_{t+1}^*}{C_t^*} \right)^{\frac{1-\beta}{\tau}} \left( \frac{C_{t+1}}{C_t} \right)^{-1} \left( \frac{U_{t+1}^{1-\beta}}{E_t \left[ U_{t+1}^{1-\beta} \right]} \right)^{1-\frac{1}{\tau}} \qquad (3-4)$$

$$1 = E_t \left[ M_{t+1} \right] R_{t+1}^{(n)} \qquad (3-5)$$

在约束条件 $W_t = \tau C_t / \overline{L} - L_t$ 下，随机折现因子与此前的家庭效用和跨期消费相关。

2. 央行决策

考虑到利率惯性、产出波动和通胀偏差，央行采用修正后的泰勒规则，以线性化的形式表示为：

$$\ln\left( \frac{R_{t+1}}{R_{ss}} \right) = \rho_r \ln\left( \frac{R_t}{R_{ss}} \right) + (1 - \rho_r) \left[ \rho_\pi \ln\left( \frac{\Pi_t}{\Pi_{ss}} \right) + \rho_y \ln\left( \frac{\hat{Y}_t}{\hat{Y}_{ss}} \right) \right] + \sigma_\varepsilon \varepsilon_t \qquad (3-6)$$

其中，$R_t$ 表示名义短期利率，$Y_t$ 表示社会总产出，带有 ss 下标的变量稳态水平，$\varepsilon_t$ 服从标准正态分布，表示货币政策的冲击。动态均衡之中，总的资源条件表示为：

$$Y_t = C_t + S_t + I_t + \frac{\varphi_R}{2} \left( \frac{\Pi_t}{\Pi_{ss}} - 1 \right)^2 Y_t \qquad (3-7)$$

其中，$S_t$ 表示储蓄，$I_t$ 表示投资，$\Pi_t \equiv P_t / P_{t-1}$ 表示总的通货膨胀率，$\varphi_R$ 表示成本变化函数。

3. 债券定价

引入一般高斯仿射利率期限结构模型 ATSM，考察债券定价过程中政策变量因素对债券收益率的影响。定义 $X_t$ 表示决定债券的风险因素，是（$k \times 1$）维的状态向量，风险因素遵循向量形式的变化过程：

$$X_t = \mu + \psi X_{t-1} + \sum \xi_t \qquad (3-8)$$

其中，$\xi_t$ 表示服从标准正态分布的（$k \times 1$）维随机变量，$\mu$ 和 $\psi$ 则分别表示（$k \times 1$）维和（$k \times k$）维参数矩阵，用来测度风险变量的变化。设定短期利率与风险因素的关系表达式为：

$$r_t = \delta_0 + \delta_1 X_t \qquad (3-9)$$

式（3-9）使宏观政策与短期利率之间产生联系。其中，$r_t = y_t^{(1)}$，即 $n = 1$ 期的债券收益率，且参数 $\delta_0$ 为常数，$\delta_1$ 为 $(k \times 1)$ 维参数矩阵。

宏观经济中所有名义资产存在名义定价核，又称随机折现因子 $M_{t+1}$。假设债券之间不存在套利，总收益率产生在持有该债券一段期限之后，且满足以下资产定价关系：

$$E_t \left[ M_{t+1} \left( \mathbb{R}_{t+1}^{(n)} \right) \right] = 1 \tag{3-10}$$

$$\mathbb{R}_{t+1}^{(n)} = P_{t+1}^{(n-1)} / P_t^{(n)} \tag{3-11}$$

将式（3-11）代入式（3-10）中可得：

$$P_t^{(n)} = E_t \left[ M_{t+1} \left( P_{t+1}^{(n-1)} \right) \right] \tag{3-12}$$

债券持有到一周期后，将获得票面金额为：$P_t^{(1)} = E_t \left[ M_{t+1} \right]$。对于到期期限为 $n$ 的债券，遵从式（3-12）的函数关系。

4. 货币政策与收益率曲线

基于经典期限结构模型，定价核（随机折现因子）被设定为服从条件对数正态分布，简化函数形式表达为：

$$M_{t+1} = \exp \left( -r_t - \frac{1}{2} \lambda'_t \lambda_t - \lambda'_t \xi_{t+1} \right) \tag{3-13}$$

其中，$\lambda_t$ 表示风险的市场价格，是 $(k \times 1)$ 维参数矩阵。风险的市场价格也是状态风险变量 $X_t$ 的仿射函数：

$$\lambda_t = \lambda_0 + \lambda_1 X_t \tag{3-14}$$

其中，$\lambda_0$ 和 $\lambda_1$ 分别为 $(k \times 1)$ 和 $(k \times k)$ 维向量。

可见，由式（3-13）和式（3-14）可知，$r_t$ 和政策风险变量 $X_t$ 是随机折现因子的决定因素，对债券价格以及收益率产生影响。央行可以通过调整名义短期利率 $R_t$ 与 $r_t$ 发生直接关联，进而对债券价格以及不同期限的收益率产生作用。具体推导出表达式为：

$$P_t^{(n)} = E_t \left[ P_{t+1}^{(n-1)} + M_{t+1} \right] + \frac{1}{2} \text{var}_t \left[ P_{t+1}^{(n-1)} + M_{t+1} \right] \tag{3-15}$$

根据递归的价格替代，式（3-15）可表示为：

$$P_t^{(n)} = E_t \left[ \sum_{j=1}^{n} M_{t+j} \right] + \frac{1}{2} var_t \left[ \sum_{j=1}^{n} M_{t+j} \right] \qquad (3-16)$$

利用债券价格与到期收益率之间的关系 $R_t^{(n)} = -\frac{1}{n} P_t^{(n)}$，我们得到 n 期到期收益率的表达式为：

$$R_t^{(n)} = - E_t \left[ \sum_{j=1}^{n} M_{t+j} \right] - \frac{1}{2n} var_t \left[ \sum_{j=1}^{n} M_{t+j} \right] \qquad (3-17)$$

可见，债券到期收益率是由 SDF 的条件均值与方差共同决定的，且 SDF 与短期利率密切相关，这就厘清了央行的政策决策向收益率曲线传导的机理。进一步，推导出收益率曲线斜率因素：

$$R_t^{(n)} - R_t^{(1)} = - E_t \left[ \sum_{j=2}^{n} M_{t+j} \right] - \frac{1}{2n} var_t \left[ \sum_{j=2}^{n} M_{t+j} \right] \qquad (3-18)$$

总之，本部分在新凯恩斯一般均衡框架中引入高斯仿射利率期限结构模型 ATSM，分析了货币政策与利率期限结构的理论联系。模型揭示了央行的货币政策会通过家庭投资债券的决策对收益率曲线产生影响。接下来，我们将从经验证据中寻找理论结论的支持证据。

根据以上理论模型和经验事实，我们建立货币政策影响利率期限结构的计量模型，检验不同类型的货币政策工具与不同收益率曲线组成部分的关系。在建模时，我们将被解释变量分别设定为水平、斜度与曲度三个维度。解释变量也细分为两类，一类是不同类型的货币政策工具，用于分析传统型与新型政策工具、数量型与价格型政策工具对收益率曲线的传导；另一类是控制变量，用于控制其他因素的影响。具体回归模型设定为：

$$TS_t^{Level} = \alpha_0 + \alpha_k MP_t^{(k)} + \mathbf{X}_t \boldsymbol{\beta} + \varepsilon_t \qquad (3-19)$$

$$TS_t^{Slope} = \alpha_0 + \alpha_k MP_t^{(k)} + \mathbf{X}_t \boldsymbol{\beta} + \varepsilon_t \qquad (3-20)$$

$$TS_t^{Curve} = \alpha_0 + \alpha_k MP_t^{(k)} + \mathbf{X}_t \boldsymbol{\beta} + \varepsilon_t \qquad (3-21)$$

其中，$TS_t$ 表示收益率曲线各个指标，$TS_t^{Level}$ 是水平因子和短期利率；$TS_t^{Slope}$ 是斜度因子和期限利差；$TS_t^{Curve}$ 是曲度因子和蝶状利差。$MP_t^{(k)}$ 表示处于第 k 个货币政策变量，k 表示不同种类的货币政策，取值为 1 或者 2。当 k = 1 时，代表传统货币政策的代理变量，包括法定存款准备金率 RR 和银行间存款质押 7 天回购利率 DR007；当 k = 2 时，代表新型货币政策的代理变量，包括常备借贷便利利率 SLF 和中期借贷便利利率 MLF。$\alpha_k$（k = 1，2）的估计值反映了货币政策变量对收益率曲线的影响效果，系数的绝对值越大则该货币政策变量对收益率曲线的影响越强。控制变量选取了代表经济特征的工业增加值增长率和通货膨胀率。$\varepsilon_t$ 表示随机残差项。

### (三) 描述性分析

表 3 - 2 为实证分析部分使用的变量描述性统计。表中的宏观时间序列数据均来自 Wind 数据库。法定存款准备金率 RR 和银行间存款质押 7 天回购利率 DR007 分别是数量型和价格型货币政策工具的代表，根据其他数据特征，我们最终选取为 2002 年 1 月至 2020 年 10 月的月度数据。DR007 的最大值为 8.14%，最小值为 0.88%，利率水平中枢在 2.68%。常备借贷便利利率(SLF)的波动性最小，且各项数值都较为接近，SLF 的最大值低于 MLF，极差变化也远小于 MLF，SLF 更具有右偏特征。由于结构性货币政策工具被使用的年限较短，所以可选择数据量相对较少。控制变量上，IVA 代表国内工业生产增加值的同比增长率，通货膨胀率为 CPI 的同比增长率。

表 3 - 2　其他主要变量的描述性统计

| 名称 | 定义 | 样本量（个） | 均值（%） | 中位数（%） | 标准差（%） | 最大值（%） | 最小值（%） |
|---|---|---|---|---|---|---|---|
| RR | 法定存款准备金率 | 226 | 13.63 | 14.75 | 4.65 | 20.50 | 6.00 |
| DR007 | 银行间存款质押 7 天回购利率 | 226 | 2.83 | 2.68 | 1.13 | 8.14 | 0.88 |
| SLF | 常备借贷便利利率 | 59 | 3.46 | 3.55 | 0.12 | 3.55 | 3.25 |
| MLF | 中期借贷便利利率 | 56 | 3.14 | 3.20 | 0.15 | 3.30 | 2.75 |
| INF | 月度 CPI 同比增长率 | 226 | 2.42 | 2.20 | 1.92 | 8.15 | - 1.17 |
| IVA | 国内工业生产增加值同比增长率 | 226 | 11.08 | 10.75 | 5.91 | 29.20 | - 25.87 |

资料来源：Wind 数据库。

**（四）计量结果与分析**

表3-3给出了变量的单位根检验结果。结果显示，部分变量存在单位根，需进行一阶差分处理，这可能是在中国经济状况出现波动时，对多数宏观经济变量带来较为明显的趋势影响，导致样本表现出非平稳的特征。进行一阶差分处理后的序列通过平稳性检验。

表3-3　变量ADF检验结果

| 变量 | 检验类型（C，T，S） | ADF值 | P值 | 检验结果 |
|---|---|---|---|---|
| Level | （C，0，0） | -9.184 | 0.000 | 平稳 |
| Slope | （C，0，0） | -8.847 | 0.000 | 平稳 |
| Curve | （C，0，0） | -10.322 | 0.000 | 平稳 |
| 短期利率 | （C，0，0） | -10.961 | 0.000 | 平稳 |
| 期限利差 | （C，0，0） | -10.750 | 0.000 | 平稳 |
| 蝶状利差 | （C，0，0） | -10.625 | 0.000 | 平稳 |
| RR | （C，0，3） | 4.245 | 0.000 | 平稳 |
| DR007 | （C，0，0） | -5.470 | 0.000 | 平稳 |
| SLF | （C，0，0） | -4.911 | 0.000 | 平稳 |
| MLF | （C，0，0） | 0.138 | 0.969 | 不平稳 |
| D. MLF | （C，0，0） | -7.075 | 0.000 | 平稳 |
| IVA | （C，0，0） | -6.539 | 0.000 | 平稳 |
| INF | （C，0，0） | -2.527 | 0.109 | 不平稳 |
| D. INF | （C，0，0） | -12.152 | 0.000 | 平稳 |

接着，对收益率曲线和货币政策各工具变量进行格兰杰因果检验。虽然格兰杰因果检验可能并非真正意义上的因果关系，但可给出经济变量之间的动态相关关系（见表3-4）。结果显示，除了期限利差和蝶状利差，法定存款准备金率RR是三个因子和宏观测度指标的格兰杰原因；银行间存款质押7天回购利率是水平因子、短期利率、期限利差和蝶状利差的格兰杰原因；常备借贷便利是斜度、曲度因子的格兰杰原因；中期借贷便利则是水平、斜度因子，短期利率，长短期利差的格兰杰原因。货币政策工具对收益率曲线的影响来自不同层。

表3-4 格兰杰因果检验结果

| 因变量 | 自变量 | Chi$^2$ | P 值 | 检验结果 |
|---|---|---|---|---|
| Level | RR | 14.18 | 0.0101 ** | 拒绝原假设 |
| | DR007 | 26.55 | 0.0107 *** | 拒绝原假设 |
| | SLF | 0.51 | 0.7753 | 接受原假设 |
| | MLF | 13.23 | 0.0213 ** | 拒绝原假设 |
| Slope | RR | 4.38 | 0.3825 | 接受原假设 |
| | DR007 | 4.22 | 0.3777 | 接受原假设 |
| | SLF | 6.86 | 0.0088 *** | 拒绝原假设 |
| | MLF | 38.76 | 0.0000 *** | 拒绝原假设 |
| Curve | RR | 2.35 | 0.6715 | 接受原假设 |
| | DR007 | 6.72 | 0.4589 | 接受原假设 |
| | SLF | 8.74 | 0.0678 * | 拒绝原假设 |
| | MLF | 3.22 | 0.2004 | 接受原假设 |
| 短期利率 | RR | 7.90 | 0.0049 *** | 拒绝原假设 |
| | DR007 | 30.68 | 0.0000 *** | 接受原假设 |
| | SLF | 1.04 | 0.3078 | 接受原假设 |
| | MLF | 10.54 | 0.0323 ** | 拒绝原假设 |
| 期限利差 | RR | 14.85 | 0.0001 *** | 拒绝原假设 |
| | DR007 | 21.76 | 0.0000 *** | 接受原假设 |
| | SLF | 0.17 | 0.6758 | 接受原假设 |
| | MLF | 15.87 | 0.0443 ** | 拒绝原假设 |
| 蝶状利差 | RR | 6.00 | 0.0143 *** | 拒绝原假设 |
| | DR007 | 20.21 | 0.0000 *** | 拒绝原假设 |
| | SLF | 0.20 | 0.6536 | 接受原假设 |
| | MLF | 5.68 | 0.3383 | 接受原假设 |

注：***、**、*分别表示在1%、5%、10%的统计水平上显著，下同。

接下来，我们讨论货币政策对利率期限结构水平因素、斜度因素、曲度因素的影响。在回归估计中，我们首先以 RR 为货币政策的代理变量，将微观测度的水平、斜度、曲度三因子和宏观测度的短期利率、期限利差与蝶状利差的协整回归结果汇总于表 3-5。结果显示，对水平因素的考察中，传统货币政策工具 RR

在宏观、微观层面的系数存在较大差异，且对水平、斜度因子的影响不显著，由于存在一定的时滞性，法定存款准备金率改变带来的货币供应量变化还未立刻形成对短端利率的下拉趋势。同时，RR 对收益率曲线的长端利率传导效果在宏观测度层面表现较为明显，在对斜度因素的传导中，RR 的系数均在 1% 的统计水平上显著小于 0，RR 与期限利差呈反向变化，源于一段时间后，下调法定存款准备金所带来的总量货币增加会带来稳定的流动资金流，导致通胀预期增加，致使收益率曲线斜率增大，这也符合现实情况。

表 3-5　法定存款准备金率对收益率曲线的传导效果

| 自变量 | 微观测度 | | | 宏观测度 | | |
| --- | --- | --- | --- | --- | --- | --- |
| | Level | Slope | Curve | 短期利率 | 期限利差 | 蝶状利差 |
| RR | -0.113 | 0.074 | 0.059* | 0.088*** | -0.068*** | 0.067*** |
| | (1.04) | (-1.04) | (-1.89) | (-2.86) | (2.37) | (-2.86) |
| IVA | -0.665*** | 0.325*** | 0.155*** | 0.102*** | 0.039* | 0.081*** |
| | (6.98) | (-4.47) | (-5.54) | (-3.72) | (-1.84) | (-3.85) |
| INF | -0.249 | 0.824*** | -0.099 | 0.109 | 0.069 | 0.138*** |
| | (1.01) | (-4.77) | (1.37) | (-1.55) | (-1.24) | (-2.77) |
| 观测值 | 224 | 222 | 224 | 224 | 224 | 224 |
| R² | 0.3074 | 0.2972 | 0.3133 | 0.3540 | 0.4021 | 0.3912 |
| Z(t) | -6.135 | -6.271 | -8.698 | -8.976 | -8.212 | -8.374 |
| LogL | -1155.495 | -1086.931 | -1168.693 | -1154.610 | -1142.076 | -1137.144 |
| Chi² | 53.739 | 87.938 | 31.362 | 23.779 | 18.149 | 33.510 |
| P 值 | 0.0000 | 0.0000 | 0.0000 | 0.0000 | 0.0004 | 0.0000 |

注：括号内数值为 Z 值，LogL 代表对数似然函数值，Z(t) 为残差序列单位根检验的 t 值。下同。

总体可以验证，RR 是收益率曲线变化的部分原因，与格兰杰检验结果一致。此外，无论是曲度因子，还是蝶状利差，RR 的系数均显著，说明 RR 有效传导至收益率曲线的曲度因子上，这个结果也符合预期。但因为与其他两个因子相比，第三个因子本身代表作用较小，可能缺乏持久性与预测性，正如 Diebold 等

（2006）、丁志国等（2014）得到宏观经济变量无法解释曲度因子的动态特征，曲度因子与经济变量关联度较弱的研究结论一致。

表3-6汇总了以银行间存款质押7天回购利率DR007为货币政策代表的检验回归结果。结果显示，DR007作为货币政策变量对收益率曲线的各方面测度指标的影响均显著，影响效果存在些许差异。这与格兰杰检验结果基本一致，DR007是所有宏观测度指标的格兰杰原因，但是对于部分微观测度指标影响效果稍弱。这说明了DR007作为重要的市场短端利率，对收益率曲线的中长端利率的传导机制是畅通有效的，符合我们的预期。我国利率市场化改革至今，虽然作为当前我国利率体系定盘星的基准利率仍将长期保留，但2015年之后基本稳定在4.35%，调控空间有限，难以传导至债券市场以及其他金融市场。未来在以利率为主的货币价格调控模式下，还要明确我国短端政策目标利率，坚持使用降低公开市场操作利率的方式，更好地发挥货币政策作为总量政策在宏观调控中的作用。

表3-6　DR007对收益率曲线的传导效果

| 自变量 | 微观测度 | | | 宏观测度 | | |
|---|---|---|---|---|---|---|
| | Level | Slope | Curve | 短期利率 | 期限利差 | 蝶状利差 |
| DR007 | 0.772*** | -0.427** | 0.257** | 0.604*** | -0.508*** | 0.481*** |
| | (-8.84) | (2.65) | (-2.24) | (-7.57) | (6.97) | (-6.50) |
| IVA | 0.017 | 0.027 | 0.098*** | 0.015 | 0.049*** | 0.065*** |
| | (-1.06) | (-0.90) | (-4.72) | (-1.06) | (-3.78) | (-4.92) |
| INF | 0.091* | 0155* | -0.154** | 0.021 | 0.079* | 0.070*** |
| | (-1.79) | (-1.78) | (2.33) | (0.45) | (-1.89) | (-1.64) |
| 观测值 | 225 | 224 | 225 | 225 | 225 | 225 |
| $R^2$ | 0.3751 | 0.3230 | 0.2934 | 0.4202 | 0.4077 | 0.4185 |
| Z(t) | -6.096 | -6.127 | -8.843 | -8.403 | -8.215 | -8.606 |
| LogL | -1446.693 | -1373.254 | -1458.455 | -1437.582 | -1421.643 | -1418.735 |
| $Chi^2$ | 104.938 | 10.819 | 26.731 | 62.834 | 78.809 | 71.385 |
| P值 | 0.0000 | 0.0127 | 0.0000 | 0.0000 | 0.0000 | 0.0000 |

总而言之，传统货币政策对收益率曲线的影响存在差异，从实证分析结果可见，银行间存款质押7天回购利率在收益率曲线的传导中效果较为突出，基本能传导至整个收益率曲线，而法定存款准备金率因为受渠道等因素的限制未达到较高的传导效率，仅能在部分层面产生效果，不能给多数测度指标带来影响。

下面继续考察新型货币政策在收益率曲线上的传导效果。表3-7汇总了常备借贷便利SLF对收益率曲线各个部分的传导效果。结果显示，在控制外界宏观经济条件下，收益率曲线的三因子和三个宏观测度指标都受到常备借贷便利的显著影响。其中，水平因素中，无论是水平因子，还是短期利率，SLF的系数均在1%的统计水平上显著大于0，但系数绝对值稍有差异（分别为0.344和0.370），说明SLF与各水平因素呈同向变化，SLF利率下降可以拉动收益率曲线短端利率下降。斜度因素中，SLF的系数均在1%的统计水平上显著小于0，说明SLF对收益率曲线的长端利率传导效果也非常明显。曲度因素中，虽然在曲度因子的方程中显著性有所下降，但系数也在5%的统计水平上显著小于0。

表3-7 SLF对收益率曲线的传导效果

| 自变量 | 微观测度 | | | 宏观测度 | | |
|---|---|---|---|---|---|---|
| | Level | Slope | Curve | 短期利率 | 期限利差 | 蝶状利差 |
| SLF | 0.344 *** | -0.308 *** | -0.335 ** | 0.370 *** | -0.878 *** | -0.372 *** |
| | (-2.67) | (4.55) | (2.24) | (-3.86) | (4.57) | (3.81) |
| lnGDP | 4.201 ** | 2.109 ** | -6.637 *** | 0.855 | 6.458 ** | 4.007 *** |
| | (-2.41) | (-2.30) | (3.28) | (0.66) | (-2.49) | (-3.04) |
| INF | -1.182 *** | -0.645 *** | 0.729 ** | 0.457 ** | -0.962 | 0.873 |
| | (4.05) | (4.19) | (-2.15) | (2.10) | (2.21) | (3.94) |
| 观测值 | 59 | 59 | 59 | 59 | 59 | 59 |
| $R^2$ | 0.3001 | 0.4780 | 0.2197 | 0.3879 | 0.0574 | 0.2789 |
| Z(t) | -3.234 | -5.706 | -5.532 | -5.621 | -4.772 | -5.114 |
| LogL | -165.077 | -158.163 | -176.037 | -170.965 | -147.852 | -158.341 |
| $Chi^2$ | 22.0287 | 42.6708 | 13.4532 | 24.7611 | 31.4203 | 27.9991 |
| P 值 | 0.0001 | 0.0000 | 0.0038 | 0.0001 | 0.0000 | 0.0000 |

整体表明，相较于数量型货币政策工具，SLF 对收益率曲线的传导效率更高，表现为更高的系数绝对值，尤其是对短期利率的传导。这与我国现实情况一致，2013 年，中国人民银行开始推出常备借贷便利这一创新性货币政策工具，开创我国使用结构性货币政策工具的先河，也是近年来中国人民银行常用的政策工具之一，目的是调节短期市场利率，保持市场流动性稳定。本身 SLF 具有针对性强和覆盖度高的特点，一方面，中国人民银行直接与金融机构点对点对接，根据金融机构的具体需求提供信贷支持，从货币供给侧进行结构调整；另一方面，SLF 交易对象覆盖范围广，覆盖政策性银行、全国性商业银行和地方性商业银行等所有存款类金融机构，以弥补 1～3 个月短期流动性缺口。中国人民银行通过扩大 SLF 合格抵押品的范围，加大对银行的信贷支持。2020 年底，SLF 已累计投放 3.1 万亿元。SLF 利率已成为引导短端资金成本的重要工具。

表 3-8 给出了中期借贷便利 MLF 对收益率曲线的作用情况。结果与 SLF 存在显著差异。MLF 仅对水平因子和斜度因子产生传导效应。MLF 对水平因子的影响最为强烈，从系数的变化幅度和显著性水平可知。这一结果与格兰杰因果检验一致，MLF 是水平因子和斜度因子的格兰杰原因，进一步验证了格兰杰因果检验结果。至于不显著的结果也比较符合目前的现实情况，由于我国目前并未明确政策目标利率，而 MLF 属于中长端利率，操作频率有限，很难反映市场实际资金供求状况，与债券市场利率的联动关系较弱，更多的是通过反映数量意图的利率招标方式形成（李宏瑾，2020）。此外，中期借贷便利为某个领域提供了中长期的资金支持，但是 MLF 的利率水平在一段时间内也是相对稳定的，如在 2018 年 4 月至 2019 年 6 月均稳定在 3% 上下，2019 年 12 月至今保持在 2.95% 左右水平，对收益率曲线的各项测度指标的改变相对较小。

表 3-8　MLF 对收益率曲线的传导效果

| 自变量 | 微观测度 | | | 宏观测度 | | |
|---|---|---|---|---|---|---|
| | Level | Slope | Curve | 短期利率 | 期限利差 | 蝶状利差 |
| MLF | 5.375 ** | −2.214 * | 1.552 | −1.451 | −1.443 | −1.714 |
| | (2.10) | (−1.66) | (0.62) | (−0.95) | (−1.01) | (−1.14) |

| 自变量 | 微观测度 | | | 宏观测度 | | |
|---|---|---|---|---|---|---|
| | Level | Slope | Curve | 短期利率 | 期限利差 | 蝶状利差 |
| lnGDP | $-11.072^{***}$ | $-4.569^{***}$ | $8.798^{***}$ | $-4.457^{**}$ | $-5.992^{***}$ | $-2.452$ |
| | $(-3.66)$ | $(-3.37)$ | $(3.28)$ | $(-2.88)$ | $(-4.17)$ | $(-1.22)$ |
| INF | $1.443^{***}$ | $0.693^{***}$ | $-0.228$ | $0.712^{***}$ | $0.057$ | $0.958^{***}$ |
| | $(2.93)$ | $(2.92)$ | $(-0.51)$ | $(2.62)$ | $(0.23)$ | $(3.28)$ |
| 观测值 | 51 | 52 | 52 | 52 | 52 | 50 |
| $R^2$ | 0.5123 | 0.5430 | 0.3219 | 0.4583 | 0.3248 | 0.4380 |
| Z(t) | $-3.040$ | $-5.479$ | $-5.375$ | $-5.925$ | $-4.981$ | $-4.659$ |
| LogL | 106.4418 | 91.1080 | 70.3490 | 79.7120 | 105.3540 | 120.4520 |
| $Chi^2$ | 13.6152 | 40.5421 | 18.8500 | 25.3895 | 31.7251 | 46.9430 |
| P 值 | 0.0035 | 0.0000 | 0.0003 | 0.0000 | 0.0000 | 0.0000 |

### (五)稳健性检验

#### 1. 更换数据时间区间

自 2013 年 7 月 20 日起，中国人民银行全面放开金融机构贷款利率管制，取消金融机构贷款利率 0.7 倍的下限，取消票据贴现利率管制，改变贴现利率在再贴现利率基础上加点的确定方式，并且金融机构可以根据资金状况和对金融市场动向的判断来自行调节利率水平，最终形成以央行基准利率为基础、以货币市场利率为中介，由市场供求决定金融机构存贷款利率的市场利率体系和利率形成机制。因此我们首先选择 2013 年之后的时间序列数据进行检验，判断在利率市场化改革的重要进程中传导是否依然有效。回归结果显示，RR 的传导效果依然呈现部分有效，而 DR007 则可以有效地传导至收益率曲线上，支持本书的结论。RR 对收益率曲线的传导效果如表 3 - 9 所示，DR007 对收益率曲线的传导效果如表 3 - 10 所示。

表 3 - 9　RR 对收益率曲线的传导效果

| 自变量 | 微观测度 | | | 宏观测度 | | |
|---|---|---|---|---|---|---|
| | Level | Slope | Curve | 短期利率 | 期限利差 | 蝶状利差 |
| RR | − 0.095 | − 0.769 | 0.552 ** | − 0.101 | − 0.297 *** | − 0.089 |
| | (0.64) | (1.23) | (− 2.53) | (0.82) | (4.17) | (0.63) |
| IVA | 0.971 *** | 3.677 *** | − 1.303 *** | 0.701 *** | 0.486 *** | 0.859 *** |
| | (− 8.79) | (− 7.89) | (8.03) | (− 7.65) | (− 9.13) | (− 8.13) |
| INF | 1.265 *** | 4.946 ** | − 1.724 ** | 0.681 * | 0.515 ** | 1.250 *** |
| | (− 2.62) | (− 2.43) | (2.43) | (− 1.70) | (− 2.21) | (− 2.73) |
| 观测值 | 84 | 84 | 84 | 84 | 84 | 84 |
| R² | 0.3789 | 0.2332 | 0.1003 | 0.3183 | 0.1064 | 0.1923 |
| LogL | − 352.793 | − 352.117 | − 388.213 | − 356.324 | − 347.802 | − 361.179 |
| Chi² | 89.333 | 67.651 | 66.787 | 70.680 | 89.625 | 73.977 |
| P 值 | 0.0000 | 0.0000 | 0.0000 | 0.0000 | 0.0000 | 0.0000 |

表 3 - 10　DR007 对收益率曲线的传导效果

| 自变量 | 微观测度 | | | 宏观测度 | | |
|---|---|---|---|---|---|---|
| | Level | Slope | Curve | 短期利率 | 期限利差 | 蝶状利差 |
| DR007 | 0.695 *** | − 2.163 | 5.856 *** | 0.807 *** | − 1.375 *** | 0.031 |
| | (− 2.86) | (1.30) | (− 3.64) | (− 4.65) | (2.97) | (− 0.11) |
| IVA | 0.497 *** | 3.181 *** | − 2.783 *** | 0.185 *** | 0992 *** | 0.523 *** |
| | (− 7.94) | (− 7.40) | (7.77) | (− 4.11) | (− 8.29) | (− 7.35) |
| INF | 0.662 *** | 4.647 *** | − 5.365 *** | − 0.005 | 1.685 *** | 0.739 *** |
| | (− 2.68) | (− 2.75) | (3.12) | (0.03) | (− 3.57) | (− 2.64) |
| 观测值 | 84 | 84 | 85 | 84 | 84 | 84 |
| R² | 0.4219 | 0.2322 | 0.3818 | 0.4109 | 0.0933 | 0.2737 |
| LogL | − 423.881 | − 429.554 | − 500.190 | − 437.582 | − 427.750 | − 430.207 |
| Chi² | 113.316 | 61.651 | 64.236 | 81.076 | 70.062 | 68.414 |
| P 值 | 0.0000 | 0.0000 | 0.0000 | 0.0000 | 0.0000 | 0.0000 |

2. 更换被解释变量

收益率曲线在宏观层面的测度指标在不同的相关文献中存在差异。此前我们选择 3 个月到期收益率作为收益率曲线水平层面的代理变量，这里更换为 10 年期到期收益率重新进行估计。结果显示依然稳健(见表3-11)。

表3-11　更换收益率曲线水平因素后的传导效果

| 自变量 | (1) | (2) | (3) | (4) |
|---|---|---|---|---|
| RR | 0.132 ** <br> ( -2.16) | — | — | — |
| DR007 | — | 1.110 *** <br> ( -5.38) | — | — |
| SLF | — | — | 0.354 *** <br> ( -3.63) | — |
| MLF | — | — | — | 0.568 <br> ( -0.24) |
| IVA | 0.415 *** <br> ( -7.70) | 0.227 *** <br> ( -5.85) | 0.515 *** <br> ( -8.38) | 0.705 *** <br> ( -8.02) |
| INF | 0.424 *** <br> ( -3.01) | -0.239 ** <br> (2.13) | 1.037 *** <br> ( -4.28) | 1.469 *** <br> ( -3.33) |
| 观测值 | 224 | 224 | 58 | 52 |
| $R^2$ | 0.2057 | 0.2341 | 0.2807 | 0.3187 |
| LogL | -660.261 | -903.583 | -217.322 | 19.954 |
| $Chi^2$ | 75.924 | 48.399 | 84.022 | 73.175 |
| P 值 | 0.0000 | 0.0000 | 0.0000 | 0.0000 |

### 3. 更换估计方法

为了从微观层面来考察货币政策向收益率曲线传导的有效性，我们使用20家中国上市银行贷款总额的数据，采用面板固定效应分析方法对贷款总额向收益率曲线的传导效果进行检验。事实上，我们认为货币政策可以通过银行信贷传导到收益率曲线上，视为对总量工具的一种变相检验。因此构建如下的回归模型：

$$TS = \alpha_0 + \alpha_1 Loan_{it} + X_t\beta + \varepsilon_{it} \tag{3-22}$$

其中，TS 表示收益率曲线各个指标，$Loan_{it}$ 表示银行贷款总额，作为货币政策总量调控的代理变量，控制变量是银行特征变量，包括银行净资产收益率（Roe）、不良贷款率（Npl）、资产充足率（Car）、资产负债比（Da）和总资产规模（Ga）。表3-12汇总了固定效应的估计结果，结果显示，央行可通过货币政策影响商业银行的可贷资金量，进而调整市场中的流动性，使收益率曲线改变走势。

表3-12　更换面板估计方法的传导效果

| 解释变量 | 微观测度 | | | 宏观测度 | | |
|---|---|---|---|---|---|---|
| | 水平因子 | 斜度因子 | 曲度因子 | 短期利率 | 长短期利差 | 蝶状利差 |
| Loan | - 0.007 *** | - 0.012 *** | - 0.012 *** | - 0.026 *** | 0.023 *** | - 0.010 *** |
| | (0.0016) | (0.0019) | (0.0027) | (0.0035) | (0.0036) | (0.0015) |
| 控制变量 | 控制 | 控制 | 控制 | 控制 | 控制 | 控制 |
| $R^2$ | 0.0814 | 0.0826 | 0.0346 | 0.0781 | 0.1024 | 0.1480 |
| 样本量 | 814 | 814 | 814 | 814 | 814 | 814 |

注：括号内为稳健标准误；由于篇幅问题，未统一报告控制变量的估计结果，留存备索。

### （六）进一步讨论：传统与结构性货币政策工具的对比分析

2013年后，结构性货币政策工具在我国发展颇为迅速，2014年便成为我国宏观调控的经常性工具。最开始，SLF用来调节短期市场利率。2014年定向降准政策开始实施，鼓励涉农贷款和小微企业贷款发放，发挥信贷结构引导作用。后面陆续创设抵押补充贷款PSL、中期借贷便利MLF、定向中期借贷便利TMLF和央行票据抵押便利CBS等结构性货币政策工具。整体来看，与传统货币政策相比，结构性工具更强调精准调控，重视政策的引导，为重点项目或地区提供低成本信贷资源，引导融资成本下行。

因此，鉴于结构性工具的重要调控，不仅对传统货币政策进行考量，同时还考虑了结构性政策工具对收益率曲线的传导效果。通过分析可以得到：收益率曲线确实会受到货币政策的影响，但由于货币政策工具的性质不同，影响效果也会不同。传统政策工具和新型政策工具都对收益率曲线存在影响，其中水平因子受到的影响最为突出，当然与之有相同变化趋势的短期利率也有显著变化，说明货币政策目前还主要作用于短期市场利率，而对于长端利率的影响依然有限，意味着收益率曲线的变化还是基于短期利率的变动。在推进利率市场化的同时，如何将短期利率效果传导至长期的收益率上尚需探索。事实上，货币政策本质上作为总量政策在宏观调控中发挥作用，当经济处于下行周期，货币政策主要依赖下调政策利率、法定准备金率等传统政策手段，辅之以结构性政策工具，在推进价格型货币调控方式转型过程中，尽量减少结构性工具对总量调控的政策干扰。

无论如何，货币政策工具总体上对收益率曲线的传导效果还有待提升，尤其是政策利率的传导效果还不理想。在构建以政策利率为中介目标的货币政策框架过程中，总量型货币政策工具依然有着不可忽视的作用。货币政策的转型需要适当运用混合式的"工具箱"，不能在政策利率还未构建成功的时候，单一地放弃总量式的调控方式和中介目标。

（七）小结

本部分充分考虑我国货币政策转型期混合采用政策工具等特殊特征，在微观与宏观两个维度刻画收益率曲线的基础上，着重考察了不同类型货币政策在收益率曲线长短端的传导效果。相较于以往收益率曲线传导有效性的研究工作，本部分有两个方面的边际贡献：第一，相对于单一方法对收益率曲线的描述，分别利用微观领域与宏观领域的方法，多维度、更全面地考察收益率曲线的变化特征，并对两种方法下得到的曲线形态进行对比。对于使用债券收益率的月度或者更低频率的收益率数据所刻画的利率期限结构，在估计微观测算模型中采用日度数据，最大化利用信息来拟合收益率曲线。第二，在理论上厘清货币政策通过收益率曲线短端传导至长端的作用机理。充分考虑中国货币政策框架转型期的阶段性特征，检验多种类型政策工具在收益率曲线上的传导效率，不依赖于对货币政策指示器不同类型的初始判断。同时，探究了利率市场化进程中能够影响传导效果的重要事件分析，为完善未来以价格型工具为中介目标的货币政策框架提供经验证据。

# 四、中国货币政策信贷调控的有效性

2008 年世界金融危机后全球经济体恢复步调并不一致，各国货币政策分化现象明显。面临复杂的国际局势与向常态回归的经济背景，我国货币政策多重目标的侧重点与操作环境已明显发生变化。融资分层、脱实向虚等深层次结构性矛盾成为影响我国高质量发展的掣肘。传统货币政策工具的总量调控方式在多重结构失衡条件下有效性下降，突出表现为"三农"领域、小微和民营企业融资难与融资贵等信贷资源扭曲配置问题依然尚未缓解，宽货币向宽信用转化效果有限。

为真正实现"金融让利实体经济"目标，增强金融普惠性，央行从 2013 年开始对货币政策工具进行一系列创新与调整，针对性地推出了"定向降准"、"定向降息"、"常备借贷便利"（Standing Lending Facility，SLF）、"中期借贷便利"（Medium – Term Lending Facility，MLF）、"抵押补充贷款"（Pledged Supplemental Lending，PSL）等新型货币政策工具，侧重以定向调控的方式向"三农"、小微和民营企业等特定经济领域精准输入流动性，完成从"大水漫灌"到"精准滴灌"的阶段性转变。2021 年，《中华人民共和国国民经济和社会发展第十四个五年规划和 2035 年远景目标纲要》指出，应"提高金融服务实体经济能力，健全实体经济中长期资金供给制度安排"。为此，不仅要从源头上引导金融资源流向重点领域与薄弱环节，畅通信贷资金传导渠道，还要对结构性货币政策工具定向调控的效果进行准确评估。

目前，我国结构性政策已成规模。截至 2020 年底，SLF 已累计向市场投放 3.1 万亿元，其中 2020 年投放 1862 亿元，同比下降 65.93%；MLF 累计投放 24 万亿元流动性，2020 年投放 5.1 万亿元，同比上升 30.46%，中长期流动性补充工具逐渐替代短期流动性补充工具，鼓励金融机构追求长期平稳发展；PSL 操作总额已达 3.29 万亿元，2020 年的开展额度为 3301 亿元，适用范围不断扩大，成为重点领域和重大项目的流动性补充工具。

然而，虽然能观察到各种结构性政策工具的使用与规模变化，但仍难以客观评价不同种类的政策工具对特定部门的调控效果，甚至多种工具的组合效果，进而给货币当局的工具选择与操作空间带来困扰。结构性货币政策是否能够实现定向调控的政策意图从而有效支持特定产业发展？进一步地，结构性政策工具中哪些对支持农业、小微企业具有显著的定向调节效应？结构性调整是否存在地区差异？解答上述问题是本部分的研究目的，对结构性货币政策工具定向调控的有效性进行评测，构建理论模型分析结构性货币政策发挥作用的机制原理，再通过构建 FAVAR 模型，从定向部门贷款角度和定向部门经济规模角度实证检验多种货币政策工具对特征部门的定向调节效应。进一步利用 Panel-VAR 模型考察定向调控的区域差异，为央行货币政策能够"因地制宜"地定向操作提出有效建议。

**（一）关键变量的测度与剖析**

1. 货币政策工具

2014 年以来，我国实施了多种结构性货币政策工具，一些工具已经不再使用，也有一些工具刚刚登入历史舞台。考虑政策连续性和数据可得性，本书对常备借贷便利、中期借贷便利、抵押补充贷款和中小金融机构四项连续性较强的结构性货币政策工具进行研究。结构性货币政策一般都会采用利率控制和信贷规模控制两种做法，但由于政策利率变动频率低，数据连续性较差，参考已有文献的做法，统一取当期开展总额度进行衡量。最终取常备借贷便利总额度 SLF、中期借贷便利总额度 MLF、抵押补充贷款余额 PSL 和中小金融机构存款准备金率①作为结构性货币政策变量。

为对比传统货币政策工具与结构性货币政策工具对实体经济的冲击作用，本

---

① 央行先后三次实行定向降准政策。2014 年 4 月 25 日，中国人民银行下调县域农村商业银行人民币存款准备金率 2 个百分点，下调县域农村合作银行人民币存款准备金率 0.5 个百分点。2014 年 6 月 16 日，央行又对符合宏观审慎监管要求且"三农"和小微企业贷款达一定比例的商业银行下调人民币存款准备金率 0.5 个百分点。但这些数据连续性较差，本书利用中小型金融机构存款准备金率代替定向降准数据。

书选取了以下七个维度的传统货币政策变量：包括流通中货币 M0、狭义货币 M1、广义货币 M2、一年期贷款基准利率、一年期固定利率国债发行利率、银行间同业拆借利率、银行间票据质押回购利率①，由于涉及变量较多，本书采取公共因子法分别对价格型货币政策工具和数量型货币政策工具提取公共因子。

2. 宏观经济变量

为了考察结构性货币政策能否有效地促进目标行业发展，最终达到促进经济发展的目的，选取了以下宏观经济变量：①农村人均收入水平，用于衡量减贫工作效果。我国贫困现象主要存在于农村地区，当结构性货币政策对减贫工作起效时，农村人均收入水平将提高。②农业生产总值，用于衡量"三农"发展。扶持农业发展的最终目标是提高地区农业生产总值，当结构性货币政策促进了"三农"发展时，地区农业生产总值将提高。③人均生产总值同比增长率，用于衡量地区整体发展。生产总值是地区经济发展的重要指标之一，利用人均生产总值同比增长率衡量经济发展可以在考虑地区人口差异的情况下衡量当地经济发展，当结构性货币政策促进经济发展时，人均生产总值同比增长率将上升。

3. 行业信贷变量

向国家重视的发展领域注入流动性是我国结构性货币政策的主要目标。为衡量结构性货币政策是否支持了我国小微企业和"三农"企业的信贷需求，选取支持农业基础设施建设贷款总额、支持小微企业贷款总额作为结构性信贷变量。由于我国信贷总规模持续稳定增长，为了客观衡量结构性货币政策工具对上述目标行业信贷规模变化，最终选取支农贷款总额占当期贷款总额比例 ZN、支小贷款总额占当期贷款总额比例 ZX 作为定向行业信贷变量。

4. 宏观经济公共因子

在 FAVAR 模型中，需要建立宏观经济因子以描述外部经济运行状态，本书

---

① 本书涉及不同期限的同业拆借利率和票据质押回购利率，其中包括 1 天期同业拆借利率、7 天期同业拆借利率、14 天期同业拆借利率、21 天期同业拆借利率、30 天期同业拆借利率、60 天期同业拆借利率、90 天期同业拆借利率、120 天期同业拆借利率、1 年期同业拆借利率和 1 天期抵押回购利率、7 天期抵押回购利率、14 天期抵押回购利率、21 天期抵押回购利率、30 天期抵押回购利率、60 天期抵押回购利率、120 天期抵押回购利率、1 年期抵押回购利率。

宏观数据信息中包含国内信息和国外信息两部分，其中国内信息包括：①实际产出层面，选取国内生产总值、一二三产业产出增加值及各行业产出增加值等；②实际投资层面，选取固定资产投资总额，房地产开发投资完成额，一二三产业固定资产投资完成额及各行业固定资产投资完成额等；③消费层面，选取社会消费品零售总额、农村社会消费品零售总额、城镇消费品零售总额、商品零售总额、餐饮零售总额等；④国家财政层面，选取一般公共财政收入、一般公共预算支出、财政收支差额、全国税收收入总额等；⑤价格指数层面，选取消费者价格指数、城市消费者价格指数、农村消费者价格指数、原材料价格指数、固定资产投资价格指数、农业生产资料价格指数、企业商品交易价格指数、工业生产者购进价格指数等。

　　国际信息包括：①进出口层面，选取进口额（美元）、出口额（美元）、进出口差额（美元）等；②国际经济水平层面，选取美国、欧盟、加拿大、俄罗斯、日本等世界主要经济体生产总值及货币量。这些宏观数据来自 Wind 数据库，共 84 维数据。

　　为了实现 FAVAR 模型的估计，需要确定模型中的共同因子。利用 Bernanke 的两步法对共同因子进行估计：利用主要成分法从货币政策数据和宏观经济数据集中分别提取公共因子，然后在估计的共同因子中去除货币政策的相关信息。对于货币政策，本书基于传统的货币政策指标提取出两个共同因子（F1 和 F2），其中第一个共同因子 F1 对应传统数量型货币政策 M0、M1、M2，他们的载荷系数分别达到 0.30、0.59 和 0.98，这表明该因子主要反映 M2 的政策效果，而 M2 是货币政策调控重要的中介目标。第二个共同因子 F2 对应价格型货币政策，包括一年期贷款基准利率、一年期固定利率国债发行利率、银行间同业拆借利率和银行间票据质押回购利率，它们的载荷系数分别达到 0.86、0.74、0.48 和 0.64。对于宏观经济信息，对上述每一个信息集进行因子分析，由于涉及的变量较多，共提取出 12 个共同因子，然后对这些因子再次利用主要成分法进行处理，最终得到三个共同因子（C1、C2、C3）。

　　尽管我们对货币政策和宏观经济都提取了公共因子，但两者之间或多或少仍存在相关性。为此，使用 Boivin 的扩展主成分迭代法将货币政策因子从宏观经济因子中剔除。具体步骤如下：第一，将前面估计得到的宏观经济因子 $\hat{C}$ 作为宏观因子的初始估计值，记为 $C_{(0)}$；第二，将宏观经济数据集记为 W，利用 W 对 $C_{(0)}$ 和 F 做回归，产生 $\hat{F}$ 的估计系数矩阵 $\hat{\lambda}^{(0)}$；第三，计算 $\tilde{W}^{(0)} = W - \hat{\lambda}^{(0)} \hat{F}$，将 W 中由 Y 解释的部分剔除；第四，提取 $\tilde{W}^{(0)}$ 中的主要成分记为新的宏观经济因子 $C_{(1)}$；第五，重复上述操作迭代估计 100 次，由此产生最终的宏观经济共同因子 $C_1{}'$、$C_2{}'$、$C_3{}'$。

### （二）建立定向信贷调控的理论框架与实证模型

央行实施货币政策的最终目标是提高社会福利，实际上会受到信息不对称、政治压力等因素的干扰，已有文献通过证明"社会福利最大化"等价于"福利损失最小化"使问题得以解决。根据前人的做法，设置央行损失函数：

$$\mathrm{Min} L = \underset{MP}{\mathrm{Min}} \sum_{t=0}^{\infty} \beta \left[ \lambda^{\pi} \mathrm{Var}(\hat{\pi}_t) + \lambda^{\gamma} \mathrm{Var}(\hat{\gamma}_t) \right] \qquad (3-23)$$

其中，MP 是用于经济调控的货币政策工具，考虑货币政策的两个目标，$\hat{\pi}_t$ 是第 t 期的通胀缺口，$\hat{\gamma}_t$ 是第 t 期的产出缺口。$\lambda^{\pi}$ 和 $\lambda^{\gamma}$ 分别表示货币政策子目标的权重。式（3 – 23）意味着货币政策的目标是在社会福利损失最小化的基础上保持通胀和产出缺口稳定。

商业银行是货币政策调控过程中最重要的中介机构，是货币政策调控的主要目标。在经营过程中，商业银行面临资本约束，商业银行从市场中吸收存款，在缴纳存款准备金后，将资金用于发放贷款、购买债券和留存现金：

$$(1 - \alpha_t) D_{it} = L_{it} + B_{it} + C_{it} \qquad (3-24)$$

设定商业银行的收入端包括：贷款总额为 $L_{it} = (1 - \alpha_t) D_{it} V_{it}^L$，加权平均贷款利率为 $R_{it}^L$，贷款利息收入为 $I^L = L_{it} R_{it}^L$；购买债券总额为 $B_{it} = (1 - \alpha_t) D_{it} V_{it}^B$，加权平均利率为 $R_{it}^B$，债券收益为 $I^B = B_{it} R_{it}^B$；留存现金为 $C_{it}$，不产生收益；央行对商业银行的存款准备金率为 $R_t^\pi$，存款准备金规模为 $\alpha_t D_{it}$，对于商业银行缴纳

的存款准备金收入为 $I^{rr} = \alpha_t D_{it} R_t^{rr}$①。商业银行的成本端：吸收存款的加权平均成本设定为 $R_t^D$，存款成本则表示为 $C^D = D_{it} R_t^D$，商业银行面临的经营成本简化为 $C\ (D_{it},\ L_{it})$。商业银行的利润函数表示为：

$$\prod_t = \sum_{i=1}^n \{L_{it} R_{it}^L + B_{it} R_{it}^B + D_{it}(\alpha_t R_{it}^{rr} - R_t^D) - C(D_{it},\ L_{it})\} \qquad (3-25)$$

其中，央行可通过价格政策和数量政策分别影响商业银行的利润函数。一方面，央行可以通过调整市场利率和存款准备金利率改变商业银行的资本成本和收益，即价格手段；另一方面，央行又可通过逆回购、再贷款等手段改变商业银行的放贷和购买债券的规模，即数量政策。当市场利率小于零时，商业银行此时选择放贷则收益恒为负数，惜贷行为就会发生，称其为"零利率约束"。为避免"零利率约束"下传统货币政策的失效，央行会选择利用结构性货币政策向市场定向释放流动性，促进经济的发展。

为考察定向的调控效果，设定市场中商业银行向两类部门提供贷款，其中定向部门Ⅰ为"三农"企业、小微企业等经济发展薄弱环节和重要领域，非定向部门Ⅱ包括大型企业、国有企业等非重点发展领域企业②。两部门的加总贷款总需求为 $L_t^j = \left[\int_0^1 (L_{it}^j)^{1/\vartheta_j}\right]^{\vartheta_j}$，其中 $\vartheta_j$ 为银行贷款之间的替代弹性（$\vartheta_j > 1$），贷款利率指数为 $R_t^{jL} = \left[\int_0^1 (R_{it}^{jL})^{1/1-\vartheta_j}\right]^{1-\vartheta_j}$。

设定央行对商业银行从央行获得的再贷款占其购买债券总额的比重为 $S_{it}$③，再贷款率为 $R_{it}^r$，则再贷款总额为 $S_{it} B_{it}$，再贷款成本为 $C^r = S_{it} B_{it} R_{it}^r$；此时商业银行拥有的债券余额为 $(1 - S_{it})\ B_{it}$，债券收益仍为 $I^{B'} = S_{it} B_{it} R_{it}^B$；央行对涉及定向部门贷款的商业银行降低存款准备金率，则此时商业银行缴纳的存款准备金为 $\alpha_{it} D_{it}$，存款准备金收入为 $I^{rr'} = \alpha_{it} D_{it} R_t^{rr}$；商业银行对两部门贷款利率分别为 $R_t^{iL}$

---

① 对于市场中各商业银行而言，总有 $R_t^{rr} < R_{it}^B < R_{it}^L$。
② 采用相同的上标来表示部门类型，j = Ⅰ，Ⅱ。
③ 现阶段我国实施的 SLF、MLF、PSL 等以抵押方式发放，合格抵押品主要为债券类资产，在抵押过程中债券利息收入由正回购方获得，商业银行需向央行支付再贷款利息。

和 $R_t^{\text{IIL}}$，两部门贷款收入总和为 $I^{jL} = (L_{it}^I + S_{it}B_{it})R_{it}^{IL} + L_{it}^{II}R_{it}^{IIL}$。此时，j 类银行的利润函数变为：

$$\prod_t^j = \sum_{i=1}^n \{ (L_{it}^I + S_{it}B_{it})R_{it}^{IL} + L_{it}^{II}R_{it}^{IIL} + S_{it}B_{it}R_{it}^B + D_{it}(\alpha_{it}R_{it}^{rr} - R_t^D) -$$
$$S_{it}B_{it}R_{it}^r - C(D_{it}^j, L_{it}^j) \} \tag{3-26}$$

式（3-26）反映了结构性货币政策的作用效果。一方面，当实施定向降准时，将为目标银行提供 $(\alpha_t - \alpha_{it})D_{it}$ 的额外资金，当这些资金全部用于定向部门贷款时，获得的超额收益为 $(\alpha_t - \alpha_{it})D_{it}(R_{it}^{IL} - R_{it}^{rr})$，该收益随 $\alpha_{it}$ 的降低而升高，随 $R_{it}^{rr}$ 的升高而降低；另一方面，当央行利用再贷款定向释放流动性时，获得再贷款的商业银行可以获得 $S_{it}B_{it}(R_{it}^{IL} - R_{it}^r)$ 的额外收益，该收益随 $S_{it}$ 的增高而增高，随 $R_{it}^r$ 的增高而降低。央行实施结构性政策可以提高银行收益，因而可以引导银行的信贷方向。

第 i 家银行在贷款需求约束下，选择贷款利率 $R_{it}^{jL}$ 使其利润最大化。在均衡条件下，认为 $R_{it}^{jL} = R_t^{jL}$，则进一步我们可以推导出两部门贷款利率的决定方程：

$$R_t^I = \vartheta^I(\vartheta^I - 1)^{-1} \{ (1 - \alpha_{it})[(V_{it}^{IL} + S_{it}V_{it}^{IB})R_{it}^{IL} + S_{it}V_{it}^{IB}R_{it}^B - S_{it}V_{IT}^{Ib}R_{it}^r] -$$
$$(\alpha_{it}R_{it}^{rr} - R_t^D) \} - (\vartheta^I - 1)^{-1}C(D_{it}^I, L_{it}^I) \tag{3-27}$$

$$R_t^{II} = \vartheta^{II}(\vartheta^{II} - 1)^{-1}[(1 - \alpha_{it})(V_{it}^{IIL}R_{it}^{IIL} + V_{it}^{IIB}R_{it}^B) - (\alpha_t R_t^{rr} - R_t^D)] -$$
$$(\vartheta^{II} - 1)^{-1}C(D_{it}^{II}, L_{it}^{II}) \tag{3-28}$$

由于结构性货币政策，定向部门的利率 $R_t^I \leqslant R_t^{II}$。市场机制的作用下，低利率会吸引更多投资者向小微、"三农"等部门投资，最终导致银行释放的定向部门贷款总额高于政策拨款总额，称为货币政策对资金的引导作用。进一步地，货币政策可以通过降低商业银行对目标部门的贷款利率、降低存款准备金率、提高政府对目标部门政策拨款额度定向降低社会融资成本，最终达到提高目标部门信贷总额度的目的。

假设 1：结构性政策工具中的定向降准通过引导贷款利率下降来增加特定部门的金融支持。

银行信贷结构变化进一步对实体部门产出产生作用。设定向部门和非定向部门企业的生产函数为 $Y_{it}^j = AK_{it}^j L_{it}^j$，其中，A 为地区综合生产力发展水平，包括科技水平、劳动力素质水平、地理因素等，$K_{it}^j$ 和 $L_{it}^j$ 分别为产业所需的资本和劳动力，产品产出是企业投入成本的线性函数。当企业部分资本来源于商业银行贷款时，每家企业贷款总量为 $w_{it} K_{it}^j$，企业贷款实际成本为 $TC_{it} = w_{it} K_{it}^j R_t^j$。

在结构性货币政策下，银行对定向部门提供信贷支持，一方面会降低定向部门融资难度，提高 $K_{it}^j$，另一方面贷款利率下降将会直接降低企业的融资成本，降低 $TC_{it}$，两者都可以达到提高产品产量的目的，而部门产量直接决定社会总产出。最终产出 $Y_t$ 的 CES 函数形式为：

$$Y_t = A \sum_{i=1}^{n} \left[ \kappa^{\frac{1}{u_Y}} (K_{it}^I L_{it}^I)^{\frac{u_Y-1}{u_Y}} + (1-\kappa)^{\frac{1}{u_Y}} (K_{it}^{II} L_{it}^{II})^{\frac{u_Y-1}{u_Y}} \right] \tag{3-29}$$

其中，$u_Y$ 为定向部门 I 与非定向部门 II 产出品之间的替代弹性。结构性货币政策通过降低融资成本和融资难度定向提高了定向部门的产出总量，而对非定向部门抑制效果有限，整体而言对社会总产出 $Y_t$ 有促进作用。同时，结构性货币政策的作用效果与地区综合生产力发展水平 A 有关，综合生产力欠发达地区两部门产品替代弹性大，定向部门产品比重高，易于进行定向调控。但该地区同样面对金融市场欠发达、市场机制较弱等问题，这可能导致政策引导作用降低。对此我们给出假设 2。

假设 2：结构性货币政策通过增加定向部门的产出而促进经济发展，不同政策对不同地区的作用效果不同。

结构性货币政策通过对市场提供定向的低息信贷政策降低了目标部门融资成本，造成定向部门与非定向部门之间的利差，使市场中的流动性主动流向定向部门。金融资源的增加促进"三农"企业、小微企业等定向部门的发展，最终提高了社会总产出。

即使在零利率环境中，这条基于部门间利差的政策传导路径依然有效。当实体经济偏离了发展目标时，央行会采用货币政策工具组合使社会福利损失最小化。为实证检验政策工具的调控效果，假设供需平衡时央行面临的是动态线性系统：

$$X_t = \theta_{i,t} X_{t-1} + \vartheta_{i,t} MP_t + \varepsilon_{i,t} \tag{3-30}$$

其中，$X_t$ 和 $X_{t-1}$ 分别表示当期货币政策目标和滞后一期的货币政策目标，由式（3-23）可知包括通胀水平、产出缺口等经济变量。$\varepsilon_{i,t}$ 表示随机的外生冲击。货币政策 MP 包括本书要考察的四种类型的结构性政策工具[①]。继续将式（3-30）代入式（3-23），并对其求一阶导数，可得最优的货币政策工具：

$$MP_t^* = \overline{\sigma}_t + \overline{\phi}_t^\pi \pi_{t-1} + \overline{\phi}_t^\gamma \gamma_{t-1} + \overline{\zeta}_t \tag{3-31}$$

总而言之，在实际操作中，结构性货币政策作为调节市场信贷资源配置的重要方式，能够对小微企业和"三农"企业贷款起到直接和间接作用。一方面，常备借贷便利、中期借贷便利、抵押补充贷款可以直接向特定部门提供定向的信贷支持，直接向金融机构提供资金支持，促进其加大对小微企业和"三农"企业的支持力度。另一方面，央行可通过定向降准政策，调整其他结构性货币政策利率，降低重点领域的融资成本，起到引导流动性流向的作用。

接下来，根据理论分析，我们建立基于时间序列的因子扩展向量自回归模型 FAVAR，具体表现为：

$$X_t = \alpha_0 + \Lambda F_t + \theta(L) X_{t-1} + \vartheta MP_t + \upsilon_t \tag{3-32}$$

$$F_t = \Phi(L) F_{t-1} + \eta_t \tag{3-33}$$

模型（3-32）描述了货币政策对货币政策目标的驱动作用。其中 $X_t$ 是包括 k 个货币政策工具和货币政策目标有关的一组变量，体现为行业发展变量和宏观经济发展变量。$MP_t$ 是货币政策工具变量，包括常规货币政策工具和结构性货币政策工具。$\theta(L)$ 和 $\Phi(L)$ 是通常意义的滞后算子多项式，$\Lambda$ 为载荷系数，是 $k \times l$ 维的共同因子系数矩阵，$\eta_t$ 为共同冲击，$F_t$ 是无处不在的货币政策驱动力，表现为宏观经济公共因子。$X_t$ 是由 $F_t$ 和 $MP_t$ 驱动的，$F_t$ 的传导效应由载荷系数 $\Lambda$ 体现。

---

① 在极度宽松的货币环境下，结构性货币政策可以在传统货币政策失效的情况下进行市场调控，但当市场环境恢复至正常范围、最优政策利率远离零利率限制时，虽然结构性货币政策依然有效，但其对市场干预的意义被削弱了。

对于中国的货币政策而言，现阶段的货币政策操作是由传统货币政策工具和结构性货币政策工具组成的操作组合，因此，对于模型（3-33）而言，需要把唯一的共同因子变量扩展为多个货币政策工具变量，以揭示不同货币政策工具对我国信贷资源配置的影响。$F_t$ 分为可观测的货币政策工具变量（F1）和不可观测的宏观经济因素（F2）。

为分析我国货币政策工具对信贷资源配置的调控，将模型（3-33）代入模型（3-32）可得：

$$\begin{bmatrix} F_t \\ X_t \end{bmatrix} = \begin{bmatrix} 0 \\ \alpha_0 \end{bmatrix} + \begin{bmatrix} \Phi(L) & 0 \\ \Lambda\Phi(L) & \theta(L) \end{bmatrix} \begin{bmatrix} F_{t-1} \\ X_{t-1} \end{bmatrix} + \begin{bmatrix} \varepsilon_{F_t} \\ \varepsilon_{iX_t} \end{bmatrix} \qquad (3-34)$$

其中，$\varepsilon_{F_t} = \eta_t$，$\varepsilon_{iX_t} = \Lambda\eta_t + \upsilon_{it}$，因此整理可得：

$$X_t = B(L)\eta_t + C(L)\upsilon_t \qquad (3-35)$$

其中，$B(L) = [I - \theta(L)L]^{-1}\Lambda[I - \Phi(L)L]^{-1}$，$C(L) = [I - \Phi(L)L]^{-1}$。由于模型（3-34）是诱导型 VAR，其随机冲击 $\eta_t$ 是不可观察的结构冲击的线性组合，因此模型（3-35）中的 1 维共同冲击 $\eta_t$ 具有相关性。为矫正这种相关性，本书使用 Cholesky 正交变换。假设 G 为估计的 $\eta_t$ 协方差矩阵 Cholesky 分解的下三角矩阵，构造 $\xi_t = G\eta_t$。类似地，同一横截面内的特质冲击 $\upsilon_{it}$ 也有可能存在相关性，同理构造 $S_{it} = E_i\upsilon_{it}$。整理可得：

$$X_t = B(L)G^{-1}G\eta_t + C(L)E^{-1}E\upsilon_t \qquad (3-36)$$

$$X_t = B^*(L)\xi_t + C^*(L)\zeta_t \qquad (3-37)$$

根据欧阳志刚（2017）的研究方法，模型（3-37）为传统意义上的面板数据移动平均模型，其中利用 $B^*(L)$ 和 $C^*(L)$ 即可获得组合冲击和特征冲击的脉冲响应函数，以揭示货币政策对信贷资源的调控作用。一方面，检验我国货币政策是否有效提高了定向部门的贷款额度，定向精准释放流动性。另一方面，检验货币政策能否有效促进定向部门的发展，改善我国现阶段经济结构性问题。

### （三）数据来源与处理

书中 SLF 总额度、MLF 总额度、PSL 总额度和中小金融机构存款准备金率数据来源于中国人民银行官网每月披露的货币政策执行文件；支农贷款总额度、支小贷款总额度来源于中国人民银行官网季度披露的金融机构贷款投向统计报告；相关宏观经济数据（GDP、CPI、当期投资总额、进出口总额等）来源于国家统计局官网；其余数据和上述数据的缺失值来源于 Wind 数据库。

对上述所有数据做初步处理：①对支农贷款总额、支小贷款总额、SLF 总额度、MLF 总额度、PSL 余额、GDP 等数量型数据统一单位为万元；②利用 EVIEWS 对宏观经济公共因子中 GDP、市场货币量、市场利率、投资总额等具有明显季节特征的指标进行 X12 季节性处理；③利用 ADF 单位根检验对所有数据逐一进行平稳性检验，对不平稳的数据取一阶对数差分；④对上述处理后的数据进行标准化处理，将所有数据处理为平均值为 1、标准差为 0 的标准数列。经上述处理后，最终得到了 146 维标准化的平稳数据。

### （四）计量结果与分析

货币政策对信贷规模的影响往往具有时滞性和持续性，新常态下，多种结构性货币政策的操作需要经过一系列的传导才能最终传导到企业信贷规模上。脉冲响应函数是研究该问题的标准方法，常被用来衡量随机扰动项一个标准差的冲击对其他变量当期和未来值变化的影响。在分析前，我们对调整后的主要变量进行 ADF 单位根检验，检验结果如表 3 – 13 所示。

表 3 – 13　调整后主要变量 ADF 单位根检验结果

| 变量 | T 统计量 | 1% 临界值 | 5% 临界值 | 10% 临界值 | P 值 | 检验结果 |
|---|---|---|---|---|---|---|
| 支农再贷款余额 | – 3.576 | – 3.750 | – 3.000 | – 2.630 | 0.006 | 稳定 |
| 支小再贷款余额 | – 3.452 | – 3.750 | – 3.000 | – 2.630 | 0.008 | 稳定 |
| 扶贫再贷款余额 | – 2.949 | – 3.750 | – 3.000 | – 2.630 | 0.040 | 稳定 |
| GDP 同比增速 | – 8.485 | – 3.750 | – 3.000 | – 2.630 | 0.000 | 稳定 |
| 通货膨胀率 | – 4.768 | – 3.750 | – 3.000 | – 2.630 | 0.000 | 稳定 |
| 当期 SLF 总额 | – 6.950 | – 3.750 | – 3.000 | – 2.630 | 0.000 | 稳定 |
| 当期 MLF 总额 | – 3.509 | – 3.750 | – 3.000 | – 2.630 | 0.007 | 稳定 |
| 当期 PSL 总额 | – 3.620 | – 3.750 | – 3.000 | – 2.630 | 0.005 | 稳定 |
| 中小型银行资本充足率 | – 4.201 | – 3.750 | – 3.000 | – 2.630 | 0.001 | 稳定 |

### 1. 货币政策对产出的影响

如图 3 - 4 所示，不同货币政策工具对 GDP 都产生了显著的正向冲击作用。除 PSL 组外，其余组中脉冲效应函数呈现了相似的特点，在第 0 期出现了略高于零的正向冲击，而第 2 期出现了负向效应，第 3 期起再次转为正向效应。不同的是传统货币政策对 GDP 的冲击更为剧烈，冲击极大值达到了将近 50%，且冲击持续时间更长，两组数据中分别收敛于第 13 期和第 18 期。然而结构性政策组中的冲击效应持续时间更短，在第 10 期前已经收敛。

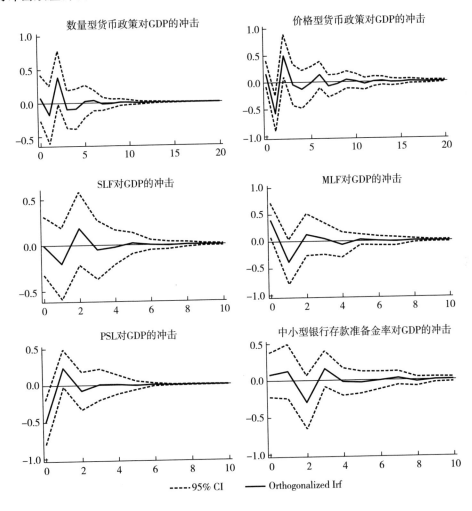

图 3 - 4　货币政策对 GDP 的冲击

如图 3 − 5 所示，货币政策对通货膨胀的冲击基本上也是有效的。与 GDP 组的结论相似，在形成显著冲击的实验组中，当期就已经出现了显著的正向效应，这种冲击在第 2 期或第 3 期开始转为负向效应，后经多次震荡，显然这些政策对通胀的冲击持续时间更长，各组结果中均于第 10 期后回归零值。

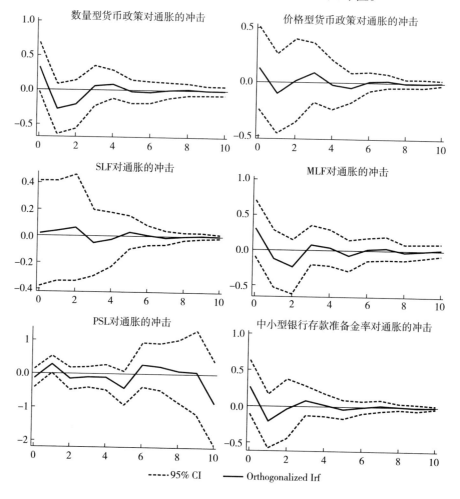

**图 3 − 5　货币政策对通胀的冲击**

2. 货币政策对信贷资源的影响

（1）货币政策对支农贷款的调控效果。从图 3 − 6 可知支农贷款受到一标准单位货币政策工具冲击后的脉冲响应结果以及传统的数量型货币政策和传统的价格型货币政策对农业贷款的冲击作用。受到数量型货币政策冲击时，支农贷款出

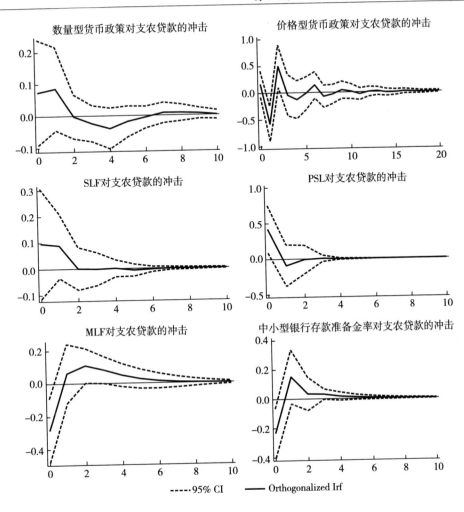

**图3－6 货币政策对支农贷款的冲击**

现了一定的正向效应，但这种效应并不显著。这可能是由于施行宽松数量型货币政策时，虽然增大货币供应量会短时期内促进支农贷款的发放，但这种促进效果有限，流入农业行业的资金出现外逃现象。然而受到价格型货币政策冲击时，支农贷款出现了显著的脉冲效应：当期冲击为正值，在第2期出现负值，但从第3期起重启回到正值范围，冲击一直持续到第20个周期。这表明在支农贷款方面价格型货币政策的有效性已经高于数量型货币政策。在结构性政策方面，除SLF对支农贷款的冲击作用不显著外，其余各项政策对支农贷款的冲击均是显著的，其中当受到 PSL 政策冲击时，支农贷款当期就出现了明显的正向效应，而 MLF 和定向降准对支农贷款的冲击则存在 1 期的滞后性，从第 2 期才开始出现正向效应。

与传统货币政策相比，这些结构性政策冲击的效果持续时间显然更短，除 MLF 的冲击在第 6 期才回归平稳之外，其余三者皆在第 4 期便回归平稳。结构性货币政策通过政策创新、定向操作可以实现促进支农贷款的发放，从而达到支持"三农"产业的作用。与传统货币政策相比，这些结构性货币政策对支农贷款的冲击有效性更强，但持续时间更短，达到了结构性微调的作用。

（2）货币政策对支持小微贷款的调控效果。支持小微贷款受到单位标准差正向货币政策冲击后的脉冲响应结果如图 3 – 7 所示。在传统货币政策冲击下，不论是数量型政策还是价格型货币政策都对支小贷款造成了正向冲击，其中数量型货币政策的冲击是不显著的，而价格型货币政策的冲击是显著的，且冲击持续了 7 个周期。虽然传统数量货币政策可以扩充信贷规模总量，但这些额外的信贷供给很难进入小微企业。价格型货币政策的效果则很显著，采取降低融资成本的方法可以有效引导资金进入小微企业和民营企业。在结构性政策方面，SLF 在当期显示出了显著的正向效应，这种正向效应持续了 6 期。然而 MLF 对支小贷款的冲击具有 1 期的滞后性，从第 2 期开始呈现正向效应，正向效应持续到第 7 期。PSL 和定向降准虽然对支小贷款产生了正向或负向的冲击，但两项政策的冲击都是不显著的。

综上所述，结构性政策对支小贷款发放起到了促进作用。其中，SLF 的效果最为显著，定向降准次之，MLF 仅产生了微弱的影响。PSL 并不能促进支小贷款的发放，因为 PSL 的宗旨是向我国重要发展领域和重大工程项目提供贷款，这使得获得 PSL 支持的企业大多为具有核心技术的成熟企业，而非小微企业。

综合支农贷款组和小微贷款组，得出以下三个结论：第一，传统货币政策对支农贷款、小微贷款冲击的有效性是有限的。在利率市场化改革背景下，我国价格型货币政策的有效性明显提高，已高于数量型货币政策。第二，通过结构性货币政策精准调控的路径是有效的，短期内各项政策对三项贷款基本存在显著的冲

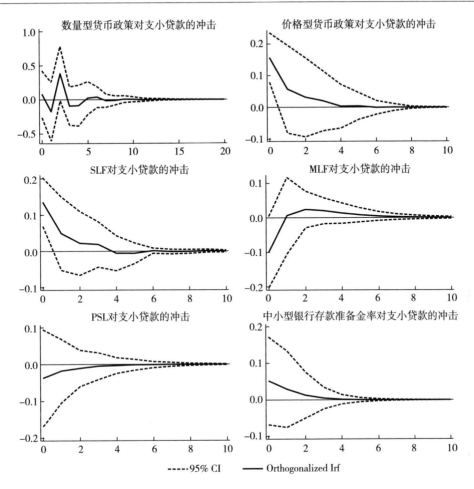

图 3-7　货币政策对小微贷款的冲击

击作用。第三，在形成有效冲击的实验组中，各项贷款对 SLF 和 PSL 的冲击更为敏感，通常在当期就显示出了正向效应，但对中长期的促进较为乏力，而 MLF 和定向降准组中通常存在 1~2 期的滞后期，但冲击持续的时间往往更长。

**（五）进一步讨论：地区差异分析**

为进一步研究货币政策对不同地区经济的实际促进作用，利用 31 个省份（不包含港澳台数据）2014~2020 年的季度面板数据，按照《中国统计年鉴》中的分类方法将这些省份数据归纳为中部、东部、西部三个数据组①。构建如下面板向量自回归（PVAR）模型：

$$X_{it} = \alpha_i + \beta_t + \theta'(L)X_{it-1} + \vartheta'MP_t + \upsilon_{it} \tag{3-38}$$

其中，$\alpha$ 为个体效应向量，$\beta$ 为时间效应向量。为了消除个体效应影响，对所有个体数据进行标准化处理；为了解决时间效应影响，继续对所有时间序列数据进行差分处理。上述处理可以避免个体效应向量和自变量相关而造成的估计系数偏误。然后采用广义矩估计方法（GMM）得到系数的有效估计。

这部分采用了三个维度衡量我国各省区市货币政策的调控效果：利用农业生产总值衡量我国"三农"产业发展情况，利用农村人均收入衡量我国的减贫情况，利用 GDP 同比增长率衡量经济发展的总水平。货币政策变量的选用沿用了结构性货币政策的四个指标：SLF 当期总额度、MLF 当期总额度、PSL 余额和中小型商业银行存款准备金率。新增指标的平稳性检验如表 3 – 14 所示。

表 3 – 14　面板单位根检验

| 检验方法 | GDP | 农村人均收入 | 农业总产值 |
|---|---|---|---|
| LLC 检验 | – 31.96 *** | – 13.00 *** | – 33.85 *** |
| IPS 检验 | – 19.42 *** | – 17.52 *** | – 19.66 *** |
| ADF 检验 | – 33.24 *** | – 45.97 *** | – 45.57 *** |

*1. 对不同地区总产出的影响*

图 3 – 8 显示了货币政策对各地区总产出的冲击。整体而言，各项结构性货币政策都对地区 GDP 有不同程度的促进作用。横向来看，地区 GDP 对 SLF、MLF、定向降准政策更为敏感，基本上在第 1 期就出现了显著的正向效应，其中 MLF 的冲击持续时间最长，SLF 次之，定向降准组中冲击持续时间最短。然而 PSL 组中都出现了 1 期的滞后期，从第 2 期才开始出现正向效应，并在第 6 期开

---

① 东部地区包括北京、天津、河北、辽宁、上海、江苏、浙江、福建、山东、广东、海南，共11个省份；中部地区包括山西、黑龙江、安徽、江西、河南、吉林、湖北、湖南，共8个省份；西部地区包括四川、重庆、贵州、西藏、云南、山西、广西、甘肃、青海、宁夏、新疆、内蒙古，共12个省份。

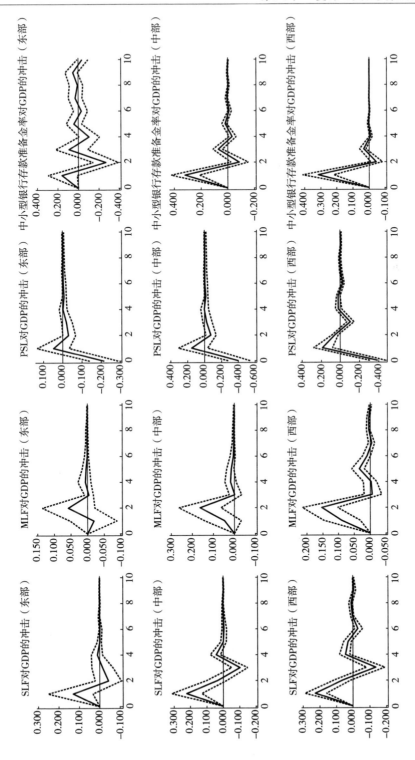

**图 3 - 8　货币政策对不同地区 GDP 的冲击**

始收敛。前者都是利用商业银行充当金融中介,向市场定向释放流动性以促进经济发展,因此市场对其反应更加敏感;后者是通过支持重大项目建设带动当地经济发展,存在一定的滞后性。纵向来看,东部地区结构性政策造成的冲击最为平缓,西部地区最为敏感,东部地区 GDP 受到 SLF、MLF、PSL 和定向降准的冲击后,最大响应分别达到了11.5%、5.5%、5% 和17%(受 MLF 的冲击效果不显著),而西部地区受到同样的冲击后,响应分别达到了21%、15%、19% 和31%。结构性货币政策以促进"三农"产业和小微企业为主要目的,而这些中西部地区正处于产业转型升级的关键阶段,"三农"产业、小微企业数量以及占总产值的比例均高于东部地区,因此这些政策对西部地区起到了更强的冲击作用。综上所述,结构性货币政策达到了促进中西部欠发达地区发展的目的,缩小了东西部间生产总值的差距。

2. 对不同地区农业生产总值的影响

图 3-9 显示了结构性货币政策对不同地区农业生产总值的脉冲效应函数图。从左至右依次显示农业生产总值受到 SLF、MLF、PSL 和定向降准政策影响后产生的脉冲响应效应函数;从上至下依次为东部、中部、西部地区。

整体而言,各地区农业生产总值的脉冲响应都是显著的,利用结构性货币政策促进我国农业发展是有效的。横向来看,在各项结构性货币政策中,SLF 政策对东中西部地区农业生产总值都产生了正向冲击,但对于东部地区的冲击是不显著的,中部地区在第 2 期起才形成了显著冲击,而西部地区从第 1 期就出现了显著的正向冲击;MLF 组中的中部地区显示出了显著的正向冲击,并持续了 6 个周期以上,而西部地区虽然出现了明显的正向效应,但这种冲击并不显著,东部地区则出现了显著的负向效应;定向降准组中各地区第 1 期都产生正向冲击,但这种冲击将会在第 2 期转为负向,负向冲击的幅度与正向冲击相近,并不断收敛。PSL 对其的冲击作用存在滞后性,三组中第 1 期均出现了显著的负向效应,从第 2 期起呈现正向冲击,整体而言 PSL 对农业生产总值的促进作用效果十分有限。然而定向降准对中部、东部、西部农业生产总值的冲击作用都是显著的,定向调控效果最好。

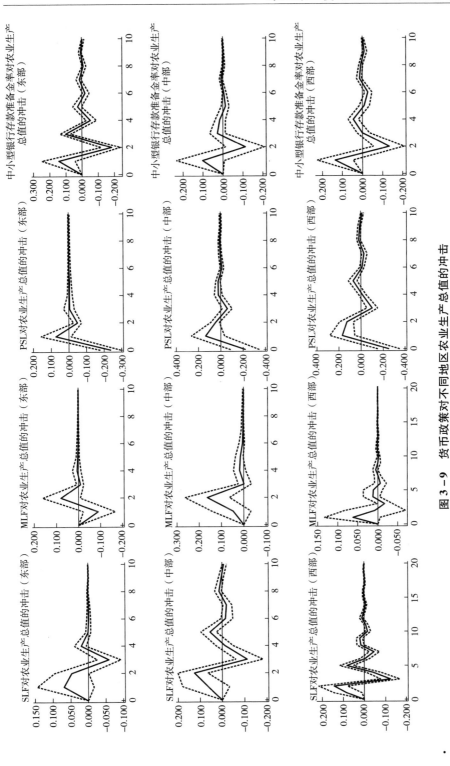

图 3－9　货币政策对不同地区农业生产总值的冲击

纵向来看，各项结构性货币政策对西部地区的冲击作用最为明显，且持续时间最长，冲击响应持续时间通常能达到10个周期；对东部地区影响最弱，冲击通常仅能持续5～7个周期。我国经济结构具有很强的地域性特征，沿海发达城市经济重心已向高新技术产业和服务业转移，第一产业份额不断降低，利用货币政策促进农业产值的效果受限；然而中西部地区未完成经济转型，第一产业仍具有发展潜力，因此对结构性政策更加敏感，这也符合我国对中西部欠发达地区扶持的政策倾向。

3. 对不同地区农村人均收入的影响

图3-10显示了结构性货币政策对农村人均收入的冲击。SLF对中西部地区农村人均收入的促进作用最为明显，冲击极值分别达到了26%和19%，对东部地区虽然产生了冲击作用，但作用不显著。MLF组中，农村人均收入从第2期开始形成了显著的负向冲击，这表明MLF并不能提高农村收入。在PSL组中结构性货币政策的冲击效果最为显著，三组图中都从第1期便出现了显著的正向冲击，中西部地区持续时间远高于东部地区。具体原因可能有两方面：一方面，我国多项政策并举，提高农村贫困人群收入，货币政策影响效果整体显著；另一方面，对于PSL而言，重点在于扶持国家重大项目和重点领域发展，这些项目多数处于我国相对欠发达和贫困地区，因此对中西部地区农村减贫工作影响更强。与MLF组相似，定向降准对农村人均收入的冲击更多体现为负向冲击。

综上所述，结构性货币政策对农村人均收入的正向冲击效果有限，而中西部地区对货币政策的反应持续时间更长，因为我国中西部地区仍属于相对欠发达地区，是货币政策调控的重点领域。

## （六）小结

对结构性货币政策定向调控效果的准确评估是增强金融普惠性的重要环节。以兼顾"总量调控"与"结构优化"双重目标的货币调控机制能否进行"精准滴灌"，更是与我国经济高质量发展紧密相关。

本部分通过建立定向部门与非定向部门间的竞争模型，从理论上刻画了结构

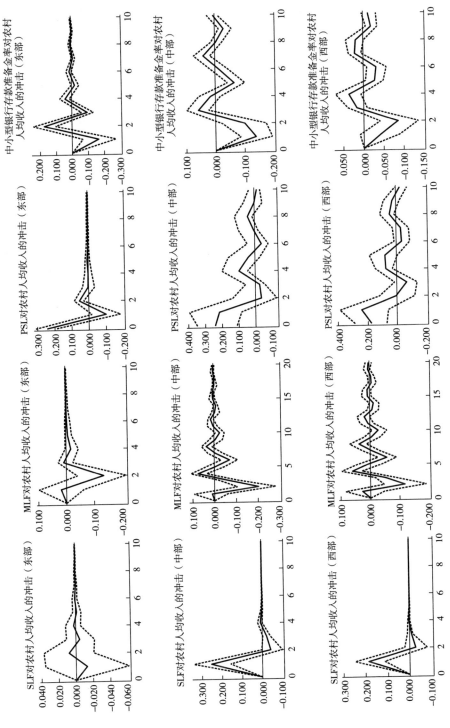

图 3-10　货币政策对不同地区农村人均收入的冲击

性政策的作用机制，并利用 2014 年第一季度至 2020 年第三季度的样本数据，运用 FAVAR 模型和 PVAR 模型，重点检验了货币政策对"三农"、小微信贷资源配置的调控效果以及区域差异。

总体结果显示：①相较于传统货币政策，结构性货币政策对促进信贷资源向"三农"、小微领域倾斜的作用更为明显。②比较分析四种结构性工具，SLF、MLF 和定向降准的有效性较强，PSL 的有效性有限。然而相较于 MLF 和定向降准，SLF 的时效性更强。③结构性政策效果存在地域差异，中西部地区对结构性货币政策的调控更为敏感。启示我们既要找准关键领域，又要考虑地域特点，促进结构性货币政策组合，达到精准施策的效果。

# 五、案例分析：结构性货币政策的中国实践

在传统的货币经济学研究中，货币政策被认为是一种短期的总量政策，侧重于需求调控，而对于调整经济结构"并不在行"。但金融危机爆发后，随着主要经济体逐步深入研究并实践结构性货币政策工具，日本央行进行了贷款支持计划（LSP），英国央行实行了融资换贷款计划（FLS），欧洲央行开始推出定向长期再融资操作（TLTRO），这些新型结构性货币政策工具疏通货币政策传导，对实体经济进行大力度扶持，积极促进经济体的复苏。我国央行在制定货币政策时，也始终关注信贷政策与产业政策之间的协调配合。使用大型金融机构与中小型金融机构之间差别化的存款准备金率，以及再贷款、再贴现等多种结构性政策工具，目的是精准扶持重点领域、薄弱领域。

从传导机制上看，央行对银行体系注入流动性，银行体系再根据资金供需双方的意愿将其有效运用和传导出去。因此，在信用受到约束时期，金融体系即使存在资金也难以运用，致使货币政策传导不畅。实际上，"调结构"有利于"控总量"，结构扭曲，效率低下，流动性总量合理充裕条件下，进行结构调整，才

能更有针对性地畅通货币政策传导渠道，引导资金流向效率更高的实体经济主体。

厘清我国货币政策传导效率，要梳理目前我国货币政策的传导渠道，这轮"宽货币、紧信贷"周期总体可得出推论：从有效性上判断，预期管理渠道是较为顺畅的传导渠道，而信贷渠道、利率渠道、资产价格渠道、汇率渠道的传导效率都存在不同程度的低下情况，也是目前我国亟待解决的结构性失衡的重要原因。由于长期依赖信贷渠道，我国信贷增速近几年有明显回升，但结构性问题严重，传导机制存在缺陷。从信贷需求来看，由于去杠杆的全面施行，经济增长面临下行压力，抑制了企业经营性信贷的融资需求。从信贷供给角度看，我国在支持民企、小微企业发展上，中小型银行做出了巨大贡献，不断增加对小微企业的普惠贷款总量，化解金融去杠杆进程对其造成的实质性"误伤"。但也源于支持中小企业发展的原因，我国中小型商业银行的不良贷款率指标 2018 年以后稳步上升，风险不断积累。

在全球复杂的经济环境及国内以间接融资为主的金融结构下，我国货币政策的中枢在于银行机构，信贷传导该如何破局呢？实践证明，结构性货币政策行之有效，学者们对此进行了大量论证与讨论。结构性货币政策具有更高的灵活性和可操作性，是疏通传导渠道的重要手段（何德旭和余晶晶，2019）。在传统政策工具难以提振经济困局时，世界各国不断创新工具，通过定向购买资产、各种类型借贷便利等创新方式，向特定部门释放流动性，补充受阻的传导路径，起到降低融资成本的目的。典型做法是美国在金融危机中采用的非常规政策工具，甚至新冠肺炎疫情冲击也倒逼美国重启或升级包括商业票据借贷便利、定期资产支持证券借贷便利、货币市场共同基金流动性便利等新型政策工具。Blindera 等（2016）对 95 家央行和 401 位经济学家发放关于结构性货币政策的调查问卷，以考察其有效性。尽管调查结果中，有人回答结构性货币政策的效果仍有待观察，但绝大多数的被调查者指出低利率环境中，结构性货币政策是现有工具的有效补充，尤其一些政策组合在恢复经济上发挥了重要作用。

针对各国央行的新型货币政策实践，理论界从国别角度对其合理性及有效性进行探索。作为较早使用结构性货币政策的国家之一，日本的实践成为学者检验结构性货币政策有效性的经验证据。Hanisch（2017）梳理日本 1985～2014 年货币政策工具的时间轴线，发现早期结构性货币政策的优势并不明显，但 2000 年后，相较于传统政策，日本结构性政策工具的有效性明显增强，在长期疲软的经济环境中发挥了更大的作用。事实上，这种阶段性的作用发挥更被学者们认可，有学者就指出日本及其他国家的结构性货币政策会在不同时间节点上实现促进经济增长的政策目的。因此对不同的国家实施结构性货币政策更强调该国的经济社会环境，如 Neely（2015）评估了美国过去十年在低利率水平环境中结构性货币政策对美国债券的影响，并通过事件研究法证实了即使传统货币政策受限，结构性政策工具仍能产生作用。同样在低利率市场下，Eser 和 Schwaab（2016）关注了欧元区结构性货币政策（如欧洲央行的证券市场购买计划）的有效性问题，得到类似结论。有学者指出，欧洲央行的前瞻性指引这一非常规政策作用明显，关键的前提条件是良好的政府信用。还有学者集中考察了不同国家在金融危机爆发后一个时间段内结构性政策工具对宏观经济的促进作用，然而 Williams（2012）警惕地提出非常规政策虽然有效，但过剩的流动性会推高市场风险，央行可以短期使用临时性工具，但需要避免过度依赖。

与之对应，最近一些国内研究则结合"新常态"下我国经济结构转型特征，认为货币政策会产生显著的结构效应。在调控目标上，结构性货币政策既能发挥社会信贷资源总量调整功能，又能细化资金流向，定向投放流动性到国家重点发展领域。具体到结构性政策工具的功能，彭俞超和方意（2016）、林朝颖等（2016）认为定向降准和中期借贷便利能够为小微企业和"三农"企业提供更多的信贷支持，并可以促进我国产业升级。陈梦涛和王维安（2020）认为常备借贷便利更侧重于信贷资源总量调节，而中期借贷便利和抵押补充贷款更倾向于引导作用，可以促进信贷资源结构优化。但也有部分学者对结构性货币政策持谨慎态度，强调定向降准牵动的小微企业、"三农"贷款并不稳定，无其他政策配合难以达到预想效果（马理等，2017）。冯明和伍戈（2018）进一步给出定向降准的局限性条件，即定向部门贷款需求利率弹性小于非定向部门，定向释放资金才会流向定向部门。

2013年至今，我国央行对结构性货币政策不断调整，主要推出定向降准、短期流动性调节工具、常备借贷便利、中期借贷便利、抵押补充贷款、定向中期借贷便利等工具。这些工具多数以定向调控某一特殊领域为目标：如定向中期借贷便利主要针对我国"三农"、小微企业和民营企业的信贷需求进行金融支持；抵押补充贷款专门为具有高等级债券或优质信贷资产的金融机构，提供稳定的低成本的中长期信贷支持；定向降准是对支持"三农"的金融机构下降存款准备金率，符合央行对薄弱领域定向投放流动性的要求。我国主要结构性货币政策工具的实施情况如表3-15所示。

表3-15　我国主要结构性货币政策工具的实施表

| 时间 | 名称 | 对象 | 贷款期限 | 工具属性 | 发放方式 | 政策目标 |
| --- | --- | --- | --- | --- | --- | --- |
| 2013年1月至2020年8月 | 常备借贷便利SLF | 符合要求的金融机构 | 1～3个月 | 抵押再贷款 | 金融机构自行申请 | 通过短期抵押再贷款的方式缓解各金融机构短期流动性缺口 |
| 2013年10月至2016年1月 | 短期流动性调节工具SLO | 国有大型银行 | 隔夜至7天 | 公开市场操作 | 商业银行自行申请 | 通过使用超短期逆回购缓解商业银行流动性短缺问题 |
| 2014年1月至2020年8月 | 中期借贷便利MLF | 符合要求的金融机构 | 3个月至1年 | 抵押再贷款 | 金融机构招标 | 通过中长期的抵押再贷款方式向各金融机构释放流动性 |
| 2014年4月至2020年8月 | 抵押补充贷款PSL | 政策性金融机构 | 1年以上 | 抵押再贷款 | 央行直接决定 | 通过抵押再贷款方式向国家重点发展项目提供信贷支持 |
| 2019年1月至2019年4月 | 定向中期借贷便利TMLF | 符合要求的商业银行 | 1至3年 | 抵押再贷款 | 商业银行自行申请 | 通过抵押再贷款方式定向地向市场中小微企业和民营机构提供额外的信贷支持 |
| 2019年2月至2020年8月 | 央行票据互换CBS | 一级市场交易商 | 3个月至1年 | 公开市场操作 | 央行直接决定 | 通过置换市场中的央行票据来维持市场中银行永续债的流动性，提高银行发行永续债的积极性 |

资料来源：笔者整理。

# 六、中国货币政策有效性下降的根源分析

中国货币政策有效性下降的根源在于价格型货币政策体系尚未建成的情况下，数量型货币政策的有效性却在大幅下降，原因有四个：

第一，数量型货币政策对信贷市场的控制力的减弱是货币政策有效性下降的主要原因。依赖于银行贷款的信贷传导渠道随着金融创新而发生了根本性变化，因为新增人民币贷款在社会融资规模中的占比从2002年的91.9%下降到现在的不到55%，融资者不断减少对银行贷款的依赖，打破了信贷渠道的平衡。

第二，市场化基准利率体系和传导机制尚未构建完整框架。虽然2013年放开了贷款利率管制，但是我国的基准利率体系并没有完全市场化。我国存贷款基准利率不是间接引导市场流动性，而是直接由央行进行决策，央行充当定价权角色。价格型货币政策体系还未完全建立，官定基准利率很难联动影响其他市场利率跟随变化。

第三，货币供给增量在传导过程中发生下沉。我国M2在银行信贷与资本市场的传导过程中长期沉淀，会严重阻滞货币政策的有效发挥。若想疏通传导路径，发挥货币政策的调控效果，必须要抑制"货币的吸附与沉淀"。银行信贷传导中的"货币吸附"，是指大量新增货币进入流通后并没有通过信贷方式与直接融资的方式进行生产资源的配置，而是被商业银行体系吸附在资本市场中沉淀，未进入生产、流通和消费等实体经济领域。资本市场传导中的"货币沉淀"，是指资本市场具有能高效将货币资金转为实际投资与消费的功能，促进稳健货币政策的目标。但由于市场发育和投资主体行为不成熟，尤其体现在公司募集资金后以委托经营的方式流回二级市场，进行金融资产的投资和炒作，致使资本市场的货币资金难以转化，新增货币供给都留在了资本市场，未能成功进入实体经济，加剧生产资金与信贷资金向虚拟资本转移，进而导致传导的阻滞。

第四，我国特殊的货币政策目标。2010 年至今，我国出现了滞胀现象。经济层面既要承受放缓的经济增速，又要面临潜在的通胀威胁，这是我国货币政策目标多元化与西方目标单一化的根本差别。另外，也有一些学者认为货币政策的有效发挥重点不在于政策本身，大部分是环境因素的作用，因此改善经济运行环境被认为是最重要的。另一种声音则认为宏观政策指向的市场微观主体，能否影响微观主体的行为决策，让企业成为真正的市场投资主体，是政策传导顺畅的基石，我国金融体系因中小企业融资难、融资贵等问题而饱受诟病。

# 第四章　中国行业价格粘性的测算

## 一、关于主要类型价格粘性的测度讨论

### （一）总量价格粘性的测度

价格粘性是指价格确定后的不易变动程度（缺乏弹性）。在生产部门中，商品价格粘性是指厂商无法根据宏观经济环境的变化及时调整价格。调价机会对一部分粘性厂商"难能可贵"，宏观冲击非常重要，因为要提前根据宏观信息预判价格走势。对于灵活调整价格的部分厂商，宏观信息的冲击则不是定价的优先考虑因素。

理论层面上，建立在 Calvo（1983）价格粘性理论基础上的新凯恩斯菲利普斯曲线（New Keynes Phillips Curve，NKPC）是 20 世纪 90 年代关于菲利普斯曲线和价格粘性研究的主流模型。已有多数研究通过构建多部门定价 DSGE 模型，对分类价格粘性及其他宏观经济因素的影响进行了探讨。例如，Carvalho（2006）建立多部门时间依存定价 DSGE 模型，Nakamura 和 Steinsson（2010）构建多部门菜单成本定价 DSGE 模型。他们的研究都发现，部门价格间的粘性存在相当大的

异质性，且这种异质性能够放大总量价格对宏观冲击的粘性。

但是，采用 DSGE 模型进行分析时，得到的 NKPC 的斜率值会非常低，以至于无法对微观数据得到的价格变动频率进行解释。如果要将斜率校准匹配微观价格调整频率，那么所得到的受到总量冲击的价格脉冲响应又与现实数据拟合效果存在背离。Gali 和 Gertler（1999）采用 NPKC 模型考察了美国国内生产总值平减指数，研究发现美国商品价格调整期的中位数为 15～18 个月。Smets 和 Wouters（2003）采用 DSGE 模型对欧元区 1970～1999 年的季度数据进行了粘性估计，发现商品价格每两年调整 1 次。也有学者（Klenow and Malin，2010）指出，无论是使用 NPKC 模型，还是 DSGE 模型，商品价格调整期大于实地调研结果，即基于总体价格对商品价格粘性的研究是有偏差的，因为除通胀因素外，还存在其他影响商品价格粘性的微观力量（如企业定价行为、商品季节表现、价格调整频率对货币政策的影响）。总之，基于微观数据的价格粘性对长期以来基于总量数据得出的价格粘性假设提出挑战。

### （二）微观商品价格粘性的测度

微观商品数据的缺失使得无法系统地比较不同商品的价格变化，替代方法是构造价格指数来推断总体商品价格粘性程度。近年来，私人机构和政府统计部门公布超市零售商品价格的微观数据库，学术界逐步倾向使用微观数据测算商品的价格粘性。与运用宏观数据研究价格粘性相比，使用微观商品价格数据进行研究，一方面可突破特定理论模型假设条件的限制（如 NPKC 模型中消费者理性预期假设）；另一方面可避免样本数据的加总偏误，对理解价格粘性及其异质性特征会影响货币政策效果提供了重要的参考。

微观数据集中于部门价格粘性的测度。Dhyne 等（2006）归纳为两个测算维度：一是价格变化频率。价格调整的变化频率越快，说明该商品的价格粘性越小。二是价格的变化幅度，Dhyne 等（2006）认为价格的变化幅度指标能够帮助我们考察政策效果的持续性。

在多数粘性价格的测度中，普遍采用价格变化频率来衡量价格粘性程度

（Bils and Klenow，2004；Gopinath and Rigobon，2008）。其中，Gopinath 和 Rigobon（2008）采用 GR 法来测度价格粘性。计算过程是对每个商品计算样本期内价格发生变化的频率，计算公式表达为价格调整频率 = 价格变化次数/样本期长度。然后再层层根据分类进行匹配，对调整价格频率的中位数进行加权，最后得到总体价格频率。Bils 和 Klenow（2004）采用的是 BK 法计算价格粘性①。对比 BK 法和 GR 法，BK 法更容易受到极端值影响，因此，GR 法使用更为广泛。

除价格变化频率外，也有学者（Nakamura and Steinsson，2008）使用价格调整的周期长度测度价格粘性强弱。价格调整的周期长度是指完成一轮价格调整需要的时间长度。这也是一种比较直观的测度方法。价格频率越低，则价格周期时间越长，价格粘性更强。

事实上，越来越多的经验证据表明，微观数据测算的名义价格具有粘性特征（Alvarez et al.，2006）。对价格粘性在总量与非加总（如各部门）之间的特征分歧，很多学者也尝试将大量部门价格指数进行加总予以解决。Zaffaroni（2004）、Altissimo 等（2006）和 Altissimo 等（2009）都讨论过微观部门的价格加总问题。他们认为，部门价格受到差异化的宏观冲击后，得到的总量价格具有持续性特征。

由此，部门价格的异质性以及加总操作，很大程度上协调了部门价格与总量价格之间存在的矛盾。在宏观冲击和特质冲击的条件下，加总对价格粘性特征产生两种作用机制：一方面，当市场上存在大量部门价格指数时，特质冲击会抵消加总过程中的部门价格变动，总量价格比部门价格更加"平滑"（杜海韬和邓翔，2013）；另一方面，加总后的价格粘性是部门价格粘性的复杂函数。各个部门频繁调整价格只能反映出特质冲击对部门价格的影响情况。

由于缺乏国外同类研究所采用的微观水平的价格调查数据，侯成琪和龚六堂（2014）采用中国 CPI 及相关宏观经济变量的历史数据估计了八大类部门商品的

---

① BK 法计算价格粘性先计算商品基本分类的价格调整频率均值，然后根据商品大分类的权重进行加权平均，得到总价格频率。

价格粘性指数。陆旸（2015）则在状态依存模型框架内，采用"中国人民银行企业微观调查数据"估计了中国制造业企业价格粘性的非对称性和异质性。制造业产品的价格粘性具有非对称的特征，企业的异质性也影响了产品的价格粘性。

　　随着微观数据库的应用，学者们利用各种网络技术，逐步深入更为高频的微观商品价格数据，金雪军等（2013）利用 Web 数据挖掘技术，手工收集了 350 万种商品价格数据。通过对大样本微观数据的整理，从商品层面测度了中国名义价格粘性程度。黄滕和金雪军（2014）尝试利用爬虫技术，得到了"天猫商城"网站价格数据，他们的研究发现相对于 9 尾数定价和方便定价，8 尾数定价模式对价格粘性程度的贡献更大，为价格粘性来源提供了新的经验证据。同样使用微观商品价格数据，黄新飞等（2014）在长三角 15 市 87 个超市 134 种零售商品月度价格数据的基础上，对微观商品的价格粘性程度进行了测算，发现我国零售商品平均价格调整期为 4.24 个月，调整较为频繁且幅度较小，具有明显的季节性规律。肖明智和谢锐（2012）采用动态 CGE 模型对我国主要存在政府管制的部分商品和公共产品的价格粘性进行了刻画，结果发现在价格波动初期，产品价格波动相对较小，在长期内则逐渐放大。总之，与总量价格粘性相比，部门价格在微观层面上更加灵活。表 4-1 汇总了不同微观数据测算的价格粘性的比较结果。

表 4-1　　不同微观数据测算的价格粘性的比较结果汇总

| 文献 | 微观数据 | 价格平均持续时间 |
| --- | --- | --- |
| Gali 和 Gertler（1999） | 美国国内生产总值平减指数 | 价格调整中位数为 15～18 个月 |
| Smets 和 Wouters（2003） | 欧元区各类商品价格的季度数据 | 每 2 年调整 1 次 |
| Leith 和 Malley（2007） | 美国各大行业的价格数据 | 工业品每 8～9 个月调整一次；消费品调价周期会高达 20 个月以上 |
| Bils 和 Klenow（2004） | 美国 350 种商品和服务价格数据 | 原材料每月会有 54.3% 的概率调价，制成品每月只有 20.5% 的概率调价，医疗、娱乐等服务业每月调整价格的概率更是分别低至 9.4% 和 11.3% |

| 文献 | 微观数据 | 价格平均持续时间 |
|---|---|---|
| 渠慎宁等（2012） | 国家发展改革委价格监测中心收集的 116 种商品和服务的微观价格数据 | 食品（2.45 次/月）、工业消费品（2.92 次/月）价格调整频率较高，服务（0.55 次/月）价格调整频率较低 |
| 蔡晓陈（2012） | 隐含的季度 GDP 缩减指数作为价格指数 | 3.4~8.1 个月 |
| 金雪军等（2013） | 350 万种商品的价格数据 | 总量价格变动频率中位数是每天 1.23%，价格持续时间中值是 2.7 个月 |
| 黄新飞等（2014） | 长三角 15 市 87 个超市 134 种零售商品的月度价格数据 | 调整期为 4.24 个月，调整较为频繁且幅度较小，具有明显的季节性规律 |
| 苏梽芳和陈昌楠（2014） | 国家发展改革委价格监测中心发布的 109 种消费品和服务价格调查数据 | 价格上涨倾向与下跌倾向性并不对称，上涨倾向平均是 43.1%，下跌倾向平均是 25.8% |
| 姜婷凤等（2020） | 100 多个网站的高频价格大数据 | 中国总体上调价较为频繁（调价周期小于 2 个月）、调价幅度较大（14%~20%） |

## （三）价格粘性判断标准与主要经济体表现

目前，学界并未给出判断价格粘性高低的统一标准，主要评测标准是横向比较，将本国的价格粘性与其他国家或地区进行对比分析，以确定相对粘性程度（Atuk et al.，2013）。总体观察而言，欧洲经济体更多表现出较强的价格粘性，价格调整周期在 [4.5，10] 个月的区间变化。美国的价格调整灵活多变，价格调整周期几乎都小于 5 个月。新兴市场国家也表现出较高的价格调整频率，但是，总体价格的持续时间相较于美国要低得多。学者们通过测算给出了一致的结果，即我国的商品价格粘性远小于多数发达国家，甚至还远低于一些发展中国家。对此现象的解释，徐建炜等（2012）认为中国劳动力市场的价格粘性处于世界较低水平，才导致了较低商品价格粘性。

具体到各类商品价格粘性的测算上，普遍结论是消费品价格粘性更强、调价频率更低、调价周期更长。早期测算中，Kashyap（1995）并未区分各类产品的性质，对消费品和工业品价格粘性的差异并未进行比较分析。Bils 和 Klenow

（2004）在比较后发现，制成品的调价概率（20.5%）远低于原材料（54.3%），而医疗、娱乐等服务业的调价概率更低。尽管没有比较消费品与工业品间价格粘性的不同，但我国学者渠慎宁等（2012）、金雪军等（2013）在测度中国不同类消费品的价格粘性后也发现了同样的结果。陆旸（2015）通过考察行业竞争程度带来的影响，发现竞争力越大的行业，其行业价格变化越灵活。

# 二、中国行业分类与数据

关于行业分类，国家权威机构——国家统计局根据数据统计要求，总共统计了19个行业的价格指数，并对这些行业进行了编码①。

专业研究数据库（Wind 数据库）借鉴了国外证券市场的行业分类标准（Global Industries Classification Standard，GICS），同时为了满足我国证券市场投资者的研究需要，建立了符合中国市场的四级行业分类标准，四级行业体系结构包括：10个一级行业（材料、工业、能源、可选消费、日常消费、医疗保健、金融、信息技术、电信服务、公共事业），24个二级行业（材料、资本货物、商务服务与用品、运输、能源、汽车与汽车零部件、耐用消费品与服装、酒店餐馆与休闲、媒体、零售业、食品与主要用品零售、食品饮料与烟草、家庭与个人用品、医疗保健设备与服务、制药与生物科技、银行、多元金融、保险、房地产、软件与服务、技术硬件与设备、半导体与半导体生产设备、电信服务、公用事业），62个三级行业，135个四级行业②。其中，仔细观察房地产这个二级行业

---

① A农、林、牧、渔业，B采矿业，C制造业，D电力、煤气及水的生产和供应业，E建筑业，F交通运输、仓储和邮政业，G信息传输、计算机服务和软件业，H批发和零售业，I住宿和餐饮业，J金融业，K房地产业，L租赁和商务服务业，M科学研究、技术服务和地质勘察业，N水利、环境和公共设施管理业，O居民服务和其他服务业，P教育业，Q卫生、社会保障和社会福利业，R文化、体育和娱乐业，S公共管理和社会组织业。

② 关于三级和四级行业的行业代码等细化内容，可见 Wind 数据库行业分类标准文件。

的代码是属于一级行业代码下的二级子行业，侧面反映出房地产行业的金融属性。

本章从中观层面入手，定位于行业价格变动频率，探索性地研究行业价格粘性的动态特征以及在货币传导机制中的表现，试图从中观层面解读当下货币传导调控失灵的根源。国外已有文献从部门投资回报率的差异上分析了价格粘性异质性对货币传导的影响，而国内的相关分析则刚刚起步。本部分仅仅抓住关键行业价格粘性的特质差异，分析其导致的非理性投资对货币传导的阻滞影响，力图为继续创新调控思路和政策工具提供借鉴。

因此，立足于中观视角下的价格特征，也源于数据可得性与适用性，我们采用的数据来自中经网产业数据库。当然，由于微观数据库本身的限制，我们研究的时间序列相对较短，这也可能导致所测量价格调整频率较单个商品价格变动较慢，使得行业价格粘性较大。

中经网产业数据库覆盖了我国宏观、农业、石油、煤炭、电力、机械、钢铁、纺织、石化、电子、汽车、医药、有色、建材、家电、食品、造纸、车船、房地产、金融、保险、商贸、交通、旅游 24 个重点领域的核心数据库，涵盖了行业价格、投资、能源消耗等方面的指标数据。行业信息较为全面，我们能够获得所关注行业价格的动态有效信息。

不同商品类别的观测变量，各行业部门以及产业价格变动数据为研究中观层面的价格粘性提供了良好的数据基础。我们将数据库中公布的重点领域与国家统计局公布的行业类别加以匹配，遵循三大产业的划分标准（GB/T 4754 - 2011），从产业层面对行业进行分类（见表 4 - 2）。

表 4 - 2　产业与行业分类表

| 产业分类 | 行业分类 |
|---|---|
| 第一产业 | 农林牧渔业 |
| 第二产业 | 石油、煤炭、电力、钢铁、纺织、石化、有色、建材 |
| 第三产业 | 电子、医药、家电、食品、造纸、车船、房地产、商贸、交通、旅游 |

## 三、中国行业价格粘性的测算方法

以往测算价格粘性的文献研究中，学者们（渠慎宁等，2012；姜婷凤等，2020；Nakamura and Steinsson，2008）一致认为，当商品价格发生变化时，价格的调整频率、价格变化周期、上涨或下降倾向及调整幅度是反映粘性程度的重要代理变量。当调整频率增加时，价格改变倾向增加，价格粘性持续周期下降；反之亦然。

本书也基于以上四种测算方法，多种维度地考察我国行业价格粘性的动态特征，测算出不同行业的价格调整频率、价格粘性变化周期、价格变化幅度及价格上涨或下降倾向，比较行业之间的粘性异质性与波动变化情况，为解读行业价格粘性的动态特征以及在货币传导机制中的表现提供事实判断。

### （一）价格变化频率

价格变化频率的定义是在一定时期，样本所有观测值中的价格发生变化的百分比（fp），是反映价格"变"与"不变"的动态趋势变量，能够充分说明价格粘性的程度。价格变化频率越快，价格粘性越小。

为了能够多维度地跟踪行业价格粘性的动态特征，我们借鉴的是姜婷凤等（2020）、Gopinath 和 Rigobon（2008）的做法，通过算出某种商品观测期间价格变化次数的占比，并使用算术平均法或者中位数法得到各类别的变化频率。他们的研究应用在了某种商品中，本书将其变化应用在产业大类和行业小类的测算上。具体的测算步骤分三步：

第一步，计算各个行业价格变化（上升/下降）频率。设定 $pn_{ij}$ 是产业 j 下行业 i 在有效观测样本中价格变化（上升/下降）的数量，设定 total 是观测值数量，计算 i 行业价格变化频率 $fp_{ij}$ 的公式：

$$fp_{ij} = \frac{pn_{ij}}{total_{ij}} \qquad\qquad (4-1)$$

第二步，计算各产业的价格变化（上升/下降）频率。由各个行业的变化频率到产业价格的变化频率，设定 $fp_j$ 是产业 $j$ 价格变化频率，此时可以采用算术平均法和中位数法得到两个维度下的价格变动频率：

$$fp_j^{mean} = mean(fp_{ij}) \qquad\qquad (4-2)$$

$$fp_j^{median} = median(fp_{ij}) \qquad\qquad (4-3)$$

第三步，计算加总的价格变化（上升/下降）频率。由各个产业的变化频率到总体的价格的变化频率，设定 $fp$ 是总体的价格变化频率，此时可以采用算术平均法和中位数法得到两个维度下的价格变动频率：

$$fp^{mean} = mean(fp_j) \qquad\qquad (4-4)$$

$$fp^{median} = median(fp_j) \qquad\qquad (4-5)$$

### （二）价格变化周期

行业价格变化周期，是指该行业所有产品价格完成一轮调整需要花费的时间，也是一种直观衡量价格粘性程度的变量。我们设定行业价格变化周期为 $dp$，价格频率 $fp$、$dp$ 与 $fp$ 之间的关系式为：

$$dp = \frac{-1}{\ln(1-fp)} \qquad\qquad (4-6)$$

### （三）价格调整幅度

价格调整幅度是本期内价格相对于上一期的变化大小，对于在 t 期价格没有进行调整的不考虑在内，那么目前学术界对于价格调整没有明晰的定义，Borraz 和 Zipitría（2012）将调整幅度的绝对值大于 1.5% 算作价格调整。本书将"价格调整"定义为：价格调整幅度大于等于 1% 或小于等于 $-1\%$。对于调整幅度位于 $[-1\%, 1\%]$ 的观测值则认为其并未进行价格调整。

设定价格调整幅度为 $sp_{ijt}$，计算公式为：

$$sp_{ijt} = \left| \frac{p_{ijt} - p_{ijt-1}}{p_{ijt-1}} \right| \times 100\% \tag{4-7}$$

其中，$sp_{ijt} \neq 0$，即剔除价格不发生变化的数据。

### （四）价格上涨下降倾向

设定价格变化指标 $C_{it}^+$、$C_{it}^-$，当 $p_{it} > p_{it-1}$ 时，$C_{it}^+ = 1$，否则 $C_{it}^+ = 0$；当 $p_{it} < p_{it-1}$ 时，$C_{it}^- = 1$，否则 $C_{it}^- = 0$。设定每个行业产品的价格上涨倾向为 gu，每个行业产品的价格下降倾向为 gd。计算公式如下：

$$gu = \frac{\sum\limits_t C_{it}^+}{\sum\limits_t (C_{it}^+ + C_{it}^-)} \tag{4-8}$$

$$gd = \frac{\sum\limits_t C_{it}^-}{\sum\limits_t (C_{it}^+ + C_{it}^-)} \tag{4-9}$$

## 四、中国各行业价格调整的特征事实

本部分的基础数据，我们选择了中经网产业数据库 2000 年 1 月至 2019 年 12 月各行业公布的价格指数来进行价格粘性的测算，但受限于数据可得性以及行业特点，第一产业使用的是农业生产资料价格指数，第二产业主要使用的是该行业的工业生产者出厂价格指数，第三产业主要使用的是该行业居民消费价格指数和商品零售价格指数。

### （一）不同行业的调价周期异质性显著

通过测算各个行业的价格调整周期（见表 4-3），我们发现不同行业的调价周期（频率）存在非常明显的异质性。其中，医药、家电的平均价格调整周期最高，分别为10.20个月和11.49个月，接近一年的时间。石油、石化、钢铁行业的平均价格调整周期相对较短，分别为0.44个月、0.77个月和0.60个月，价格调整频率相对较高，比较来看，处于第三产业的行业比第二产业的行业具备更显著的价格粘性。农林牧渔业的价格粘性处于中间位置。第二产业的平均价格调整周期为2.16个月（算术平均法得到），而只有电力、纺织、建材三个行业的价格调整周期超过平均水平。电力行业的调整周期最长，6.29个月完成一次调价，因为电力行业是政府价格管制较为严格的行业。第三产业中，除了食品和旅游两个行业的平均价格调整周期低于1个月外，其他行业的价格调整周期都相对较长，价格调整频率相对较低。排在第三产业粘性较低的行业还有房地产行业（1.43个月）和商贸行业（3.54个月），其他行业都超过4个月，甚至是接近一年才调价一次。Glatzer和Rumle（2007）就指出，市场化的服务行业价格调整周期明显比受到管制的服务行业短一些。这反映出政府部门对第三产业（主要是服务业）的管制，很大可能是导致其行业价格调整频率较低的重要原因。在我国，医药、交通、造纸以及电力等行业均或多或少受到政府部门的管制，调价需要相关部门的准许，约束明显，导致了服务行业较长的平均价格调整周期，我们得到这样的结果与渠慎宁等（2012）的研究结论相类似。

表4-3　各行业的价格调整周期　　　　　单位：月

| 行业 | 价格调整周期 | 行业 | 价格调整周期 |
|---|---|---|---|
| 农林牧渔业 | 2.36 | 车船 | 9.24 |
| 石油 | 0.44 | 电子 | 4.01 |
| 有色 | 1.75 | 家电 | 11.49 |
| 煤炭 | 0.89 | 医药 | 10.20 |
| 石化 | 0.77 | 食品 | 0.68 |
| 电力 | 6.29 | 商贸 | 3.54 |
| 纺织 | 2.87 | 旅游 | 0.87 |
| 建材 | 3.64 | 交通 | 4.13 |
| 钢铁 | 0.60 | 造纸 | 9.25 |
| 房地产 | 1.43 | — | — |

## （二）不同行业价格粘性的差异同样反映在价格调整幅度上

表4-4汇总了各行业的价格调整幅度。结果显示，从整体来看，价格调整幅度的范围较大，为0.62%~30.40%。当价格发生变化时，石油、煤炭与房地产行业的价格平均调整幅度相对较大，均超过10%，甚至石油的价格调整幅度高达30%以上。车船、家电与交通等行业的价格调整幅度相对较低，尤其是车船行业，价格调整幅度不到1%。进一步分析价格调整的规律，无论是调价周期还是调价幅度，均具有明显的不对称性特征。调整周期较短的行业，如石油、煤炭、钢铁与房地产行业，价格调整幅度明显高于其他行业，其中，房地产行业表现出调价周期短、粘性较低的价格变化特征，但每次调价的幅度也较其他行业更高，幅度均值为27.06%，中位数是26.33%。然而调价频率不高的家电、医药、造纸等行业，其价格调整幅度明显较低，说明价格粘性越大的行业，其价格调整的幅度越低。

表4-4　各行业的价格调整幅度　　　　　　　　　　　　单位：%

| 行业 | 价格调整幅度 | 行业 | 价格调整幅度 |
|------|------------|------|------------|
| 农林牧渔业 | 3.98 | 车船 | 0.62 |
| 石油 | 30.40 | 电子 | 2.67 |
| 有色 | 5.11 | 家电 | 0.78 |
| 煤炭 | 12.58 | 医药 | 1.35 |
| 石化 | 9.75 | 食品 | 1.11 |
| 电力 | 1.65 | 商贸 | 1.35 |
| 纺织 | 3.90 | 旅游 | 3.33 |
| 建材 | 3.91 | 交通 | 0.97 |
| 钢铁 | 14.26 | 造纸 | 1.46 |
| 房地产 | 27.06 | — | — |

价格调整幅度与美国相对比，Gorodnichenko等（2018）发现美国在线调价幅度中位数为11%，Klenow和Kryvtsov（2008）基于美国劳工部数据发现调价幅

度平均为10%，两篇文献测算结果较为接近。我国各行业调价幅度的中位数为4.864%，出现这样的差别也并不奇怪，本身在线商品的价格变动频率高，高于整个行业的价格调整频率。

### （三）行业价格上调倾向明显高于下调倾向

表4-5显示了总体与分行业的价格调整同期。我们发现，通过中位数法和算术平均法得到的价格上调的观测值所占比例的平均水平分别为50.00%、50.17%，价格下调的观测值所占比例的平均水平分别为43.36%、44.00%。价格上调的倾向明显高于价格下调的倾向，前者高出后者6.16%~6.64%。这一发现与Nakamura和Steinsson（2008）发现线下CPI篮子中64.80%的商品价格变化是上调的结果，只是我们的观测样本是行业价格指数而已。有同样结果的还包括渠慎宁等（2012），虽然考察对象是中国线上商品，但也同样发现在线商家仍倾向于把价格上调，向上向下调价出现了明显的不对称性。

表4-5 总体与分产业的价格调整周期

| 算法 | 指标 | 总体 | 第一产业 | 第二产业 | 第三产业 |
|---|---|---|---|---|---|
| 算术平均 | 价格调整周期（月） | 2.98 | 2.36 | 2.16 | 5.48 |
| | 价格调整幅度（%） | 6.11 | 3.98 | 10.19 | 4.07 |
| | 价格上升倾向（%） | 50.17 | 57.09 | 48.67 | 45.50 |
| | 价格下降倾向（%） | 44.00 | 40.83 | 48.47 | 42.81 |
| 中位数 | 价格调整周期（月） | 2.47 | 1.86 | 2.04 | 4.29 |
| | 价格调整幅度（%） | 4.86 | 3.18 | 7.77 | 3.96 |
| | 价格上升倾向（%） | 50.00 | 58.33 | 50.60 | 47.61 |
| | 价格下降倾向（%） | 43.36 | 37.50 | 46.88 | 42.46 |

具体来看，当价格发生改变时，农林牧渔业、石油、有色、钢铁、食品等行业价格的上涨倾向均超过了50%，农林牧渔业和食品行业的价格上涨势头凸显。尤其是农林牧渔业的生产资料价格上涨倾向最高，达到57.08%。同属于工业产业的行业中，价格上调倾向超过50%的有石油、有色、钢铁行业，下调倾向略

高于上涨的行业包括煤炭、石化、建材等行业。第三产业中价格上调倾向明显高于下调倾向的行业占比为50%，基本处于平衡位置。食品和商贸行业的上涨倾向均超过50%，下降倾向超过50%的为电子行业与房地产行业（见表4-6）。

表4-6 各行业的价格上升、下降倾向 单位：%

| 行业 | 下降倾向 | 上升倾向 | 行业 | 下降倾向 | 上升倾向 |
|---|---|---|---|---|---|
| 农林牧渔业 | 40.83 | 57.08 | 车船 | 42.11 | 41.67 |
| 石油 | 49.17 | 50.42 | 电子 | 51.25 | 43.75 |
| 有色 | 47.92 | 50.42 | 家电 | 31.25 | 42.50 |
| 煤炭 | 50.42 | 48.33 | 医药 | 37.04 | 43.75 |
| 石化 | 49.58 | 48.75 | 食品 | 41.23 | 57.02 |
| 电力 | 47.92 | 46.25 | 商贸 | 46.25 | 50.83 |
| 纺织 | 47.92 | 45.00 | 旅游 | 48.25 | 49.12 |
| 建材 | 47.92 | 47.08 | 交通 | 45.00 | 44.17 |
| 钢铁 | 46.93 | 53.07 | 造纸 | 32.50 | 35.42 |
| 房地产 | 53.18 | 46.82 | — | — | — |

综合表明，行业价格上调倾向明显高于下调倾向，且倾向于上调更大幅度，食品行业就是一个例证。

### （四）总类价格与产业价格粘性存在异质性

加总价格中，我们采用了算术平均法和中位数法对各指标进行了测算，汇总于表4-5。结果显示，基于不同估算方法得到的产业调整价格的频率、幅度、向上倾斜与向下倾斜均存在较大差异，但是加总价格的情况则比较一致。以总体价格来看，算数平均法和中位数法下，总体调价周期分别为2.98个月和2.47个月，调价幅度分别为6.11%和4.86%。调整幅度上，算术平均法下更高。但一致的是，总体价格无论通过哪种估算方法计算，上调价格的倾向都明显高于下调价格倾向，且上调价格观测值的占比都超过了50%。

继续考察三大产业价格变动情况，在算术平均法下价格调整周期的比较中，我们得到"第三产业 > 第一产业 > 第二产业",而中位数法估算下,则得到"第三产业 > 第二产业 > 第一产业"。在价格调整幅度上,算术平均法与中位数法两种方法下的结果一致,即第二产业价格调整幅度最大,分别为 10.19% 和 7.77%,第三产业调整幅度次之,最后是第一产业,整体来说,产业层面的调价幅度明显要低于行业层面,这也是层层加总后的结果。在上调下调价格的占比中,第一产业在两种估算方法下,都表现出上调概率大于下调概率的特征。第二产业中,也表现出上调概率大于下调概率的特征,但算术平均法下,上调概率只是略微高于下调概率,中位数法下,两者才拉开差距,且上调价格的占比高于 50%。第三产业中,无论使用哪种估算方法都能得到上调概率大于下调概率的特征,但极差不同。算术平均法下,上调占比大于下调占比 3% 左右,而中位数法下,两者相差约 5 个百分点,且均未超过 50%。综合表明,加总数据和各产业的价格粘性既存在显著的异质性,又存在一定规律,即价格调整过程中上调价格占比较高,导致正负影响抵消后的价格调整大小仍为正,推动价格的普遍上扬。

总结行业、产业以及总体价格的粘性特征,中观层面价格调整周期平均为 2.47 ~ 2.98 个月,具有粘性特征。其中,第三产业价格粘性最强,调整幅度均值在 4% 左右,这与 Bouakez 等(2014)的研究发现相似,他们发现美国经济中的价格刚性主要集中在服务业。其中,家电与医药行业的粘性最强,调整周期最长;第一产业的粘性最弱,平均 1.85 个月完成一次价格调整。无论采用哪种算法,上调价格的概率均高于下调价格的概率。第二产业的价格粘性介于一三产业,平均调价周期低于 3 个月,其中,仅有电力与建材两个行业的调价周期高于 3 个月。第二产业的价格调整幅度相对于其他产业来说,幅度变动最大。算术平均值高于 10%,也高于其他国家的情况,中位数高达 7% 以上,说明第二产业受到国际不确定因素的影响较大,石油行业尤其明显。同样,第二产业也是唯一在算术平均法下,价格上调比例低于下调价格比例的产业。

# 第五章　价格粘性与货币政策传导：来自中国行业的证据

区别于总量价格粘性，我们在上一章节中分类测算不同行业的价格粘性指标，判断了行业价格粘性高低所依赖的制度条件与行业特性，并对行业价格粘性与总量价格粘性进行横向与纵向比较。事实上，我们在供给侧视角明确界定行业价格粘性的基础上，从多维度视角测度不同行业价格粘性与总量价格粘性，判断中观层面价格粘性异质性程度。

尽管已有理论文献已经开始关注并凸显价格粘性在解释货币政策实施效果方面的重要性，也有文献提供了价格粘性异质性在货币政策冲击下会产生不同作用的理论框架。例如，余建干（2017）认为对不同粘性机制行业的通胀做出系统性反应，能够提高我国货币政策数量规则的有效性。Bouakez 等（2014）建立多部门 DSGE 模型来分析价格粘性的异质性对宏观经济波动的作用，研究发现价格粘性的异质性是各行业产出和通胀对货币政策冲击反应具有异质性的主要原因。Alvarez 等（2006）通过对多种调价模型的研究，发现货币政策产生作用的充分统计量是调价大小的峰度和调价频率。

但是，还有待回答与检验的难点与重点：①行业价格粘性异质性是否会改变投资决策而导致行业间的非理性投资行为，理顺"行业价格粘性异质性→投资非理性→阻滞货币传导"的逻辑关系，得出非理性投资扭曲货币政策传导路径的中观基础。②设计货币政策传导机制的有效性指标体系，建立价格粘性与货币政传导效率之间的动态模型，在实证分析的基础上评估因存在行业价格粘性差异而产生的货币传导效率损失度。

# 一、价格粘性对货币政策影响的理论分析框架

中国行业价格粘性的异质性特征是否能够影响货币政策的调控效果，以及在多大程度上可以对货币政策传导效率做出贡献，要想厘清这两个现实问题，就需要构建价格粘性与货币政策存在关联的统一的理论分析框架。

本章主要尝试在侯成琪和龚六堂（2014）多部门新凯恩斯框架基础上分析货币政策传导机制中价格粘性所发挥的作用。采用与侯成琪和龚六堂（2014）相同的模型设定①。与之有区别的是，侯成琪和龚六堂（2014）按照中国 CPI 八大类进行的中间部门的划分，对应生产 CPI 分类中的一大类商品，是家庭的消费商品，采用 CPI 的统计分类数据，而非 PPI 数据。但本章则对应着我国第一、第二、第三产业的各行业分类，因此第一、第二产业下的行业多数都是生产部门，对应着各自的生产函数，我们这里根据产业特征，并未全部按照 CPI 或者 PPI 的分类方式，更符合我们的研究意图。为分析行业价格粘性与货币政策的关系，我们给出凯恩斯模型中主要参与者——中间厂商和央行的行为模型。

1. 中间厂商

每个行业中间生产部门都是由连续统一的垄断竞争厂商组成，每一期只有部分厂商可以重新定价，基于 Calvo（1983）定价模型，假设每一期第 j 个生产部门的厂商重新定价的概率为 $1-\theta_j$，$\theta_j$ 是价格粘性，其值越大，粘性越强。对于

---

① 假定经济存在一个代表性家庭、一个完全竞争的最终商品厂商和多个中间商品生产部门，中间商品生产部门都由连续统一的垄断竞争厂商组成，中间商品生产部门 J 中的所有垄断竞争厂商向代表性家庭雇佣劳动进行生产，并出售中间产品 j，最终厂商以 J 种中间产品作为投入进行生产，并出售给家庭部门。这里的 J 代表行业分类。

不能重新定价的厂商，会根据上一期的部门通胀对产品价格进行指数化调整，因此厂商第 t 期的产品价格为 $p_{j,t-1}\Pi_{j,t-1}$，其中 $\Pi_{jt} = p_{jt}/p_{j,t-1}$，$p_{jt}$ 是第 j 个生产部门的价格指数，在第 t 期第 j 个行业中间产品的价格指数为：

$$p_{jt} = \left( \theta_j \left( p_{j,t-1}\Pi_{j,t-1} \right)^{1-\varepsilon_j} + \left( 1 - \theta_j \right) \left( p_j^* \right)^{1-\varepsilon_j} \right)^{\frac{1}{1-\varepsilon_j}} \tag{5-1}$$

其中，$\varepsilon_j$ 是第 j 种中间产品之间的替代弹性。中间厂商向家庭部门雇佣劳动来进行生产。假设第 j 个中间产品的生产部门生产函数由 CES 生产函数刻画：

$$y_{jt} = A_{jt}K_{jt-1}^{\alpha}N_{jt}^{1-\alpha} \tag{5-2}$$

其中，$N_{jt}$ 为劳动，$(1-\alpha)$ 为劳动产出占总产出的比重。$A_{jt}$ 为第 j 个行业面临的供给冲击，服从自回归 AR（1）过程：

$$\ln A_{jt} = \rho_j \ln A_{j,t-1} + \mu_{jt} \tag{5-3}$$

其中，$\rho_j$ 为第 j 个行业供给冲击的一阶自相关系数，$\mu_{jt} \sim N\left(0, \sigma_j^2\right)$。中间厂商决策问题可表示为：

$$\min_{N,K} w_t N_{jt} + r_t K_{jt-1} \tag{5-4}$$

受约束于供给函数式（5-2），通过一阶条件 FOC，得到：

$$w_{jt} = \lambda \left(1-\alpha\right) A_{jt}K_{jt-1}^{\alpha}N_{jt}^{-\alpha} \tag{5-5}$$

$$r_{jt} = \lambda\alpha A_{jt}K_{jt-1}^{\alpha-1}N_{jt}^{1-\alpha} \tag{5-6}$$

其中，$w_{jt}$ 为第 j 个中间生产部门的真实工资，$r_{jt}$ 可视为资本投入的借款成本，这一设置与侯成琪和龚六堂（2014）不同，我们认为虽然无法估计各行业的生产函数，但是无法假设没有资本投入，因此，这里我们没有仅假设只有劳动投入。第 j 个中间生产部门的真实边际成本为：

$$mc_{jt} = \left(\frac{1}{1-\alpha}\right)^{1-\alpha} \left(\frac{1}{\alpha}\right)^{\alpha} \frac{w_{jt}^{1-\alpha} r_{jt}^{\alpha}}{A_{jt}} \tag{5-7}$$

于是，中间生产厂商通过求解如下的优化问题来重新定价：

$$\max E_t \sum_{i=1}^{\infty} \left(\beta\theta_j\right)^i \left[ p_{jt}^* y_{jt+i} - p_{t+i}mc_{jt+i}y_{jt+i} \right] \tag{5-8}$$

最优化一阶条件以及在零通胀稳态附近对数线性化后可推出中间厂商的最优定价为：

$$p_{jt}^* - p_{j,t-1} = (1 - \beta\theta_j) E_t \sum_{i=0}^{\infty} (\beta\theta_j)^i \left[ \tilde{mc}_{j,t+i} + (\tilde{p}_{t+i} - \tilde{p}_{j,t+i-1}) \right] \qquad (5-9)$$

最后，推导出第 j 个中间生产部门的新凯恩斯菲利普斯曲线：

$$\pi_{jt} = \frac{\beta}{1+\beta}\pi_{jt+1} + \frac{1}{1+\beta}\pi_{jt-1} + \frac{(1-\theta_j)(1-\beta\theta_j)}{(1+\beta)\theta_j} \left[ \tilde{mc}_{jt} + (\tilde{p}_t - \tilde{p}_{jt}) \right] \qquad (5-10)$$

由方程（5-10）可知，中间部门 j 的通货膨胀除了受到本部门通胀预期、通胀惯性和本部门实际边际成本相对于稳态对数偏离（也称作部门边际成本缺口）的影响外，还受到总体价格与中间品价格之间差异（也称作部门价格缺口）的影响。

我们设定 $\eta_j = \dfrac{(1-\theta_j)(1-\beta\theta_j)}{(1+\beta)\theta_j}$，于是 $\partial\eta_j/\partial\theta_j < 0$，所以中间产品价格粘性越小，得到最后一项对第 j 个行业生产部门的通胀影响越大，即行业价格粘性越小，货币政策对该部门的影响越迅速，当然，这只是从货币政策通过价格粘性对该行业的通胀产生影响，我们可以进一步细化，因为边际成本中包含了真实工资与借款成本，不难推出货币政策也可以通过价格粘性对该行业部门的借款成本产生影响，关系式如下：

$$\pi_{jt} = \frac{\beta}{1+\beta}\pi_{jt+1} + \frac{1}{1+\beta}\pi_{jt-1} + \frac{(1-\theta_j)(1-\beta\theta_j)}{(1+\beta)\theta_j} \times$$

$$\left[ (1-\alpha)\tilde{w}_{jt} + \alpha\tilde{r}_{jt} - \tilde{A}_{jt} + (\tilde{p}_t - \tilde{p}_{jt}) \right] \qquad (5-11)$$

从式（5-11）也可以看出，某行业借款成本与货币传导之间的关系也受到价格粘性的影响，毕竟这是一个系统框架。

2. 央行

接下来给出央行的货币政策规则，本书采用泰勒提出的利率规则描述货币政策，并引入利率平滑得到：

$$i_t = \rho i_{t-1} + (1-\rho)(\phi_\pi E_t \pi_{t+1} + \phi_y E_t y_{t+1}) + \varepsilon_t \qquad (5-12)$$

其中，$\varepsilon_t$ 是货币政策冲击，服从如下的自回归 AR（1）过程：

$$\varepsilon_t = \rho_\varepsilon \varepsilon_{t-1} + \upsilon_{\varepsilon,t} \qquad (5-13)$$

其中，$\rho_\varepsilon$ 为货币政策冲击的一阶自相关系数，$\upsilon_{\varepsilon,t} \sim N\ (0,\ \sigma_\varepsilon^2)$。

事实上，关于价格粘性与货币冲击的研究，黄志刚（2010）给出了灵活价格企业的短期价格变化率与货币变化的关系式：$\rho = \phi M$，其中 $\phi$ 是一个复杂的系数，但通过讨论，系数大于1，得到货币增加的冲击在短期内会促进灵活价格产品的价格提升，且价格上升的幅度高于货币变动的幅度。粘性低的产品价格短期表现超调特征，因为部分行业产品的价格粘性使得增加的货币无法同时促进所有行业价格上升，过多的货币只能流动到粘性较低的行业价格产品中，拉动这部分价格水平过度调整。我们其实也从前面测算中可以验证这一结论，本身各个行业的价格并非同步协调变化，粘性较低的行业价格调整幅度较大，且上升幅度明显提高。例如，房地产行业价格上涨幅度明显，而且也是货币最乐此不疲追逐的行业。接下来我们利用测算的行业价格粘性数据对货币政策传导进行实证检验。

# 二、价格粘性在利率渠道传导中的作用

在理顺行业价格粘性异质性阻滞货币传导机制的逻辑关系后，本章节继续采用实证模型来检验行业价格粘性对货币政策利率传导机制的作用程度。

## （一）引言

由于货币政策不同传导渠道的相对作用取决于不同行业价格粘性的状况，因此价格粘性对于货币政策不同传导渠道的影响存在显著差异。一般而言，不同渠道的作用往往是同时交叉进行的，然而不同渠道传导机理的差异性构成了不同渠道的实证识别条件。理论层面，经典的货币传导理论包括利率渠道、信贷渠道、汇率渠道、资产价格渠道四类。但目前我国依然实行有管理的浮动汇率制，汇率波动幅度相对较小、债券市场并未完全统一，且企业债券市场不发达和股票市场投机性过强（杨继生和向镜洁，2020），加之银行贷款依然是我国最重要的融资渠道，基于以上缘由，我们主要考虑行业价格粘性对利率渠道与银行信贷渠道的作用机制。在机制设计中，我们也会控制汇率渠道、资产价格渠道的影响。

此外，Morris 和 Shin（2008）提出的预期管理渠道认为在传统货币政策之外，作为预期管理工具之一，央行言辞沟通能够有效管理企业预期，进而影响其投资行为。在中国货币政策面临数量型政策有效性大幅下降而价格型政策尚不健全的困境下，以沟通为主的预期管理政策发挥了重要作用（郭豫媚和周璇，2018），因此，我们也会考察价格粘性对央行预期管理渠道的重要影响。本小节结合研究目的、综合价格粘性和微观利率数据，对货币政策利率传导效率加以探究。

### （二）实证设计

根据理性预期和前瞻性预期的理论，利率渠道通过改变企业资金成本而影响投资决策，进一步对不同行业产能产生影响，即面对紧缩货币政策时，不同行业会面临差异化的融资约束。这是传统利率传导渠道的识别条件，实证检验提供了可能。因此构建如下面板模型来检验行业价格粘性差异对货币政策利率渠道作用效果的影响：

$$Cap_{it} = \alpha + \beta MR_t^{(k)} + \lambda MR_t^{(k)} \times fp_{it} + X_t\beta + \varepsilon_{it} \qquad (5-14)$$

$$Cap_{it} = \alpha + \beta MR_t^{(k)} + \lambda MR_t^{(k)} \times dp_{it} + X_t\beta + \varepsilon_{it} \qquad (5-15)$$

$$Cap_{it} = \alpha + \beta MR_t^{(k)} + \lambda MR_t^{(k)} \times sp_{it} + X_t\beta + \varepsilon_{it} \qquad (5-16)$$

$$Cap_{it} = \alpha + \beta MR_t^{(k)} + \lambda MR_t^{(k)} \times gu_{it} + X_t\beta + \varepsilon_{it} \qquad (5-17)$$

其中，模型（5-14）~模型（5-17）分别代表了四种维度测算的总体价格粘性指标的方程组，$fp_{it}$ 代表价格调整频率，$dp_{it}$ 代表价格调整周期，$sp_{it}$ 代表价格调整幅度，$gu_{it}$ 代表价格上升倾向。被解释变量 $Cap_{it}$ 表示行业的融资能力，解释变量 $MR_t^{(k)}$ 表示货币政策，我们用货币供应量 M2 规模自然对数 M2_ln 表示，为缓解内生性问题，我们采用变量的滞后 1 期值；$X_t$ 为控制变量矩阵，$\beta$ 为控制变量参数矩阵；$\varepsilon_{it}$ 为随机扰动项。

在从数量型向价格型调控的转型过程中，我国的货币政策框架势必是"非典型"的。很多金融体系中存在隐形管制对我国货币政策传导的影响尚不清晰，相关理论与实证研究也还非常缺乏。我国金融市场发展还不完善，以发达国家为背景的模型假设很多并不适用于我国国情。以美国为例，主要集中于利率传导路径的研究，即利率变化如何影响实体经济的产出，政策利率向金融市场利率之间的顺利传导是美国的基本假设，而我国则尤其应该关注政策利率如何传导到其他金融市场利率上，不同市场之间的关联性没有发达国家那样发达，政策套利空间在我国仍然存在，自然形成的基本假设在我国则是货币传导有效性的关键一环。

面临着体制遗留下来的约束条件以及我国尚未建立起以利率为中介目标的货币政策框架，在积极推进利率市场化改革的当下，我国向以政策利率为中介目标的新货币政策框架转型过程中，所面临的首要挑战不是利率向实体的传导效率，而是政策利率向其他利率，主要是银行贷款利率传导的有效性问题。在利率市场化改革的推动下，基于货币市场利率会影响银行资金成本的角度，贷款利率会受到货币市场利率的影响（郭豫媚等，2019）。因此，为了从数据上识别影响我国贷款利率的重要因素，检验在政策利率传导至银行贷款利率的过程中价格粘性的重要作用。本书还将利用宏观层面的加总数据，检验总体价格粘性是否能通过货币市场利率来影响商业银行贷款利率的变动。

基于宏观、中观两个层次的检验，既没有因为加总数据而忽视行业异质性，又能进一步通过中观行业数据证实宏观层面的实证结果，全面考察贷款利率放开管制前后银行贷款利率变化的微观基础。我们继续构建价格粘性对银行贷款利率影响的协整回归模型：

$$LR_t = \alpha + \beta MR_t^{(k)} + \lambda MR_t^{(k)} \times fp_t + X_t\beta + \varepsilon_t \qquad (5-18)$$

$$LR_t = \alpha + \beta MR_t^{(k)} + \lambda MR_t^{(k)} \times dp_t + X_t\beta + \varepsilon_t \qquad (5-19)$$

$$LR_t = \alpha + \beta MR_t^{(k)} + \lambda MR_t^{(k)} \times sp_t + X_t\beta + \varepsilon_t \qquad (5-20)$$

$$LR_t = \alpha + \beta MR_t^{(k)} + \lambda MR_t^{(k)} \times gu_t + X_t\beta + \varepsilon_t \qquad (5-21)$$

其中，被解释变量 $LR_t$ 表示银行贷款利率，$MR_t^{(k)}$ 表示处于第 k 个（共 n

个）货币市场利率变量，包括 7 天质押式回购加权利率（Repo_ 7）、7 天上海银行间同业拆放利率（Shi_ 7）、7 天银行间同业拆放利率（Chi_ 7）、隔夜质押式回购加权利率（Repo_ 1），为缓解内生性问题，我们依然采用货币政策的滞后 1 期值；$X_t$ 为控制变量矩阵，$\beta$ 为控制变量参数矩阵；$\lambda$ 的估计值反映了经过价格粘性调整的市场利率对银行贷款利率的传导效率，该系数绝对值越大，说明传导效率越高；$\varepsilon_t$ 为随机扰动项。

### （三）变量选取与数据描述

关于融资能力（Cap），采用两种方法来衡量对应行业企业从银行获得的信贷支持加总后得到。采用本期短期借款 + 本期长期借款 - 上期短期借款 - 上期一年内到期非流动性负债 - 上期长期负债来反映。为了稳健性考虑，我们还借鉴Kaplan 和 Zingales（1997）的研究，根据公司经营性净现金流、股利、现金持有、资产负债率以及托宾 Q 等财务指标构建融资约束指数（KZ 指数）来衡量企业的融资约束程度。长端利率我们选择的是贷款加权平均利率。

从国际上看，政策利率应该具有以下特征：一是短期利率。美联储、欧洲央行、日本央行等的政策利率都是短期银行间市场利率。美国、日本是银行间市场的隔夜利率，欧洲央行则采用期限一周的主要再融资操作利率，都是为了满足银行紧急流动性需求的机制。二是市场利率。政策利率形式上是市场利率。在央行公开市场操作的影响下，短期市场利率基本与政策利率保持一致。三是存在上下限机制构成"利率走廊"。央行作为最后贷款人为商业银行提供支持性贷款的利率构成市场利率上限，而央行作为"银行的银行"从商业银行吸收存款的利率则构成市场利率下限。美联储和欧洲央行都有明确的利率走廊的概念。基于以上政策利率的特点，我们选取了 7 天质押式回购加权利率（Repo_ 7）、1 天银行间同业拆放利率（Chi_ 1）、7 天银行间同业拆放利率（Chi_ 7）、隔夜质押式回购加权利率（Repo_ 1）等几种货币市场利率等宏观时间序列数据，均来自 Wind数据库。由于要与总量价格相匹配，也因贷款利率始于 2008 年，因此样本区间为 2008 ~ 2019 年。在数据处理上，由于贷款加权平均利率是季度频率，市场利率是月度频率，我们对月度数据进行了移动平均处理。

控制变量中包括企业加总后的行业特征变量，行业现金资产比率（Cash）、盈利能力（ROA）、主营业务收入增长率（Sales_ g）、托宾 Q 值（tq）。经济景气指数（gdp_ g），用于控制其他总需求变化所引起的企业投资变化。实际有效汇率水平（ex）（用美元兑人民币实际平均汇率表示）和上证综指（se），两者分别用于控制货币政策通过汇率渠道和资产价格渠道对行业融资能力产生的影响。

除了行业数据外，其他企业加总样本，我们选择的是上海、深圳两市 A 股上市公司财务报表的季度数据，并剔除金融行业上市公司以及 ST 和 PT 类企业，企业财务报表数据来源于 CSMAR 国泰安数据库。

表 5－1 为主要变量的描述性统计。贷款利率（LR）的均值为 5.47%。几种货币市场利率的特征较为接近，明显低于贷款利率，且 7 天期利率要明显高于隔夜利率。在这部分分析中，我们也会使用总量价格数据，样本期间，总量价格调整周期平均水平为 2.98，调整幅度平均水平为 6.11%，但最大最小的范围较大，在区间 [2.69%，16.09%]，且倾向于向上调价。

**表 5 －1　主要变量的描述性统计**

| 变量 | 均值（%） | 标准差（%） | 中位数（%） | 最小值（%） | 最大值（%） |
|------|-----------|-------------|-------------|-------------|-------------|
| LR | 5. 47 | 0. 83 | 5. 58 | 4. 35 | 7. 47 |
| Cap | 23. 56 | 1. 71 | 23. 87 | 17. 36 | 26. 73 |
| KZ | 4. 39 | 0. 91 | 4. 29 | 2. 51 | 7. 77 |
| Repo_ 7 | 2. 69 | 0. 76 | 2. 61 | 1. 38 | 4. 12 |
| Repo_ 1 | 2. 27 | 0. 57 | 2. 27 | 1. 03 | 3. 34 |
| Chi_ 7 | 2. 80 | 0. 77 | 2. 77 | 1. 28 | 4. 18 |
| Chi_ 1 | 2. 26 | 0. 54 | 2. 19 | 1. 03 | 3. 30 |
| fp | 0. 46 | 0. 11 | 0. 44 | 0. 28 | 0. 68 |
| dp | 2. 98 | 0. 98 | 2. 88 | 1. 37 | 5. 52 |
| sp | 6. 11 | 3. 28 | 5. 24 | 2. 69 | 16. 09 |
| gu | 0. 50 | 0. 11 | 0. 50 | 0. 28 | 0. 70 |

续表

| 变量 | 均值（%） | 标准差（%） | 中位数（%） | 最小值（%） | 最大值（%） |
|------|---------|-----------|-----------|-----------|-----------|
| Cash | 0.14 | 0.04 | 0.14 | 0.03 | 0.20 |
| ROA | 0.02 | 0.06 | 0.03 | −0.58 | 0.19 |
| Sales_ g | 0.07 | 0.06 | 0.05 | 0.00 | 0.30 |
| tq | 2.33 | 1.09 | 2.07 | 1.02 | 9.48 |
| gdp_ g | 8.02 | 1.29 | 7.60 | 6.75 | 10.64 |
| ex | 6.49 | 0.25 | 6.54 | 6.14 | 6.83 |
| se | 2785.42 | 472.20 | 2810.36 | 2181.69 | 3759.74 |

### （四）回归结果分析

#### 1. 对行业融资能力的影响

表5-2给出了模型（5-14）的实证估计结果，且各个模型分别对相关传导机制进行了不同程度的控制。其中，第2列未控制汇率渠道和资产价格渠道；第3列控制了汇率渠道；第4列控制了资产价格渠道；第5列分别控制了资产价格渠道和汇率渠道。根据表中结果，得到结论。

表5-2　价格粘性对利率渠道作用效果的实证结果一

| 解释变量 | （1） | （2） | （3） | （4） | （5） |
|---------|------|------|------|------|------|
| | fp | | | | |
| M2_ ln | 0.4662 * <br> (1.68) | 1.4704 ** <br> (1.91) | 1.4672 * <br> (1.90) | 1.8281 ** <br> (1.91) | 1.9196 ** <br> (2.41) |
| fp | — | 22.8511 * <br> (1.83) | 23.0683 * <br> (1.83) | 25.5056 ** <br> (2.33) | 24.9588 ** <br> (2.00) |
| M2_ ln×fp | — | −1.6481 ** <br> (−1.83) | −1.6626 ** <br> (−1.82) | −1.8541 ** <br> (−2.06) | −1.8236 ** <br> (−2.02) |
| Cash | — | 2.9840 <br> (0.46) | 3.4602 <br> (0.48) | 6.7358 <br> (0.99) | 5.1018 <br> (0.71) |
| ROA | — | 1.9139 <br> (1.23) | 1.9267 <br> (1.23) | 2.4093 <br> (1.54) | 2.4482 <br> (1.56) |

| 解释变量 | (1) | (2) | (3) | (4) | (5) |
|---|---|---|---|---|---|
| | | | fp | | |
| Sales_ g | — | −0.0079<br>(−0.96) | −0.0079<br>(−0.94) | −0.0062<br>(−0.75) | −0.0063<br>(−0.76) |
| tq | — | 0.2039<br>(1.48) | 0.2003<br>(1.43) | 0.3134**<br>(2.10) | 0.3549**<br>(2.23) |
| gdp_ g | — | 0.0861<br>(0.47) | 0.0812<br>(0.44) | 0.0795<br>(0.44) | 0.1030<br>(0.56) |
| ex | — | — | −0.0761<br>(−0.16) | — | 0.3871<br>(0.74) |
| se | — | — | — | −0.0005*<br>(−1.81) | −0.0006**<br>(−1.95) |
| Observations | 136 | 136 | 136 | 136 | 136 |
| R² | 0.0236 | 0.3891 | 0.3695 | 0.2899 | 0.3206 |
| Ind_ FE | NO | YES | YES | YES | YES |

第一，货币政策利率渠道在中国显著存在，货币政策利率渠道是货币政策传导的重要组成部分。当模型中仅包括货币政策变量时，其系数显著为 0.4662，说明货币供应量的增加会使得行业融资能力显著提高，货币政策利率渠道显著存在。第二，行业价格粘性通过间接效应，弱化了货币政策传统利率渠道的作用效果。第 2~5 列的结果显示，无论对其他传导渠道进行何种程度的控制，货币政策依然显著地影响行业的融资能力，这在一定程度上表明利率渠道是货币政策影响行业融资能力的重要传导渠道。货币政策与价格粘性的交叉项系数也均通过显著性检验，说明行业价格粘性在货币政策传导中发挥着重要作用。其中，第 5 列结果显示，在控制汇率和资产价格渠道后，交叉项 M2_ ln × fp 的系数为 −1.8236，且在 5% 的水平上显著，说明随着行业价格粘性的提高，货币供给量对融资能力的边际影响显著降低，即行业融资能力对货币资金的影响变得迟缓，从而弱化了货币政策利率渠道的作用效果。

换言之，行业的价格粘性越强，货币资金进入该行业的难度将明显增加，这一有趣发现与我国目前的情况很贴合。根据战明华等（2021）的研究，他们将钢铁、电解铝、水泥、平板玻璃、船舶等行业视为产能过剩行业。而根据前文以价格调整周期为测算指标对我国行业粘性的测算，粘性较小的行业涵盖了钢铁、煤炭、石化、有色、房地产等产能存在过剩的行业。这意味着在面临宽松的货币政策时，这些行业更易进入货币资金，导致最终的产能过剩，从货币政策传导的角度，印证了当前我国货币资源配置的行业偏好，货币政策对产能过剩行业融资能力的影响显著，这也正是我国需要通过结构性货币政策工具进行结构调整的关键缘由。

在表5-2的估计结果中，变量ex系数在各种情况下均不显著，表明货币政策汇率渠道对行业融资没有显著影响，这与我国实行有管理条件下的小幅汇率浮动机制的基本事实相一致。变量se系数虽然很显著，但系数绝对值非常小，相对于利率渠道，股市价格变动对行业融资能力的影响较小。

表5-3给出了其他粘性指标的实证估计结果，基本与价格调整频率的结果保持一致。

表5-3　价格粘性对利率渠道作用效果的实证结果二

| 解释变量 | （1） | 解释变量 | （2） |
| --- | --- | --- | --- |
| | sp | | gu |
| M2_ ln | 1.2118 *<br>（1.76） | M2_ ln | 1.4358 **<br>（1.99） |
| sp | 0.3539 **<br>（2.08） | gu | 0.2059<br>（0.41） |
| M2_ ln × sp | − 0.0273 **<br>（− 2.18） | M2_ ln × gu | − 0.0503<br>（− 1.41） |
| Cash | 6.7630<br>（0.96） | Cash | 2.3172<br>（0.32） |

续表

| 解释变量 | (1) | 解释变量 | (2) |
|---|---|---|---|
| | sp | | gu |
| ROA | 2.2405<br>(1.46) | ROA | 2.1141<br>(1.32) |
| Sales_ g | −0.0072<br>(−0.88) | Sales_ g | −0.0063<br>(−0.76) |
| tq | 0.3281 **<br>(2.10) | tq | 0.3462 **<br>(2.15) |
| gdp_ g | 0.00774<br>(0.43) | gdp_ g | 0.1761<br>(0.93) |
| ex | 0.6811<br>(1.34) | ex | 0.6220<br>(1.11) |
| se | −0.0004 *<br>(−1.73) | se | −0.0005 **<br>(−1.94) |
| Observations | 136 | Observations | 136 |
| $R^2$ | 0.2756 | R − squared | 0.4581 |
| Ind_ FE | YES | Ind_ FE | YES |

注：由于 dp 是根据 fp 计算而来，因而这里仅给出价格调整幅度 sp 与价格上涨倾向 gu 的结果。

### 2. 对长期贷款利率的影响

首先，要对时间序列变量进行平稳性检验。如表 5 - 4 所示，金融机构贷款利率通过了 ADF 检验，而 7 天质押式回购加权利率（Repo_ 7）、7 天银行间同业拆放利率（Chi_ 7）的货币市场利率未通过平稳性检验。原因可能是，全球利率下行，经济下滑，我国货币市场利率也基本呈现下行趋势，导致其在样本期内表现出非平稳的特征。按照文献的常规做法，本书将其进行了一阶差分，差分后的序列均通过了平稳性检验。代表价格粘性的指标多数都通过了平稳性检验。一阶差分后的结果则显示，在 1% 的显著水平上无单位根。因此，可以进一步进行协整检验。

表 5 - 4　变量的 ADF 检验结果

| 变量 | 检验类型 (C, T, P) | ADF 值 | P 值 | 检验结果 |
|---|---|---|---|---|
| LR | (C, 0, 8) | −32.9080 | 0.0000 | 平稳*** |
| M2_ ln | (C, 0, 2) | −3.8700 | 0.0023 | 平稳*** |
| gdp_ g | (C, 0, 8) | −10.3530 | 0.0000 | 平稳*** |
| Repo_ 7 | (C, 0, 0) | 0.1687 | 0.1687 | 不平稳 |
| D. Repo_ 7 | (C, 0, 1) | −4.5730 | 0.0001 | 平稳*** |
| Repo_ 1 | (C, 0, 0) | −2.7660 | 0.0632 | 平稳* |
| Chi_ 7 | (C, 0, 1) | −2.3480 | 0.1569 | 不平稳 |
| D. Chi_ 7 | (C, 0, 0) | −4.4020 | 0.0003 | 平稳*** |
| Chi_ 1 | (C, 0, 1) | −2.7940 | 0.0592 | 平稳* |
| fp | (C, 0, 0) | −2.1920 | 0.2092 | 不平稳 |
| D. fp | (C, 0, 0) | −4.6790 | 0.0001 | 平稳*** |
| dp | (C, 0, 0) | 0.0743 | 0.0743 | 平稳* |
| sp | (C, 0, 0) | −3.6300 | 0.0052 | 平稳*** |
| gu | (C, 0, 0) | −4.7730 | 0.0001 | 平稳*** |

在协整回归分析中，我们的做法是将不同货币市场利率单独放入模型进行回归，观察我国每一个货币市场利率对银行贷款利率的传导，符合货币政策调控对中介目标的要求。然后，继续加入货币市场利率与不同价格粘性的交叉项，分析加入价格粘性指标后，利率传导效率是否会因价格粘性而发生改变，即货币市场利率是否能通过价格粘性来影响贷款利率的高低，进而达到判断价格粘性是发挥了阻滞效应，抑或是畅通作用。若价格粘性加强了货币政策利率渠道的作用效果，则货币市场利率与不同价格粘性的交叉项符号与原有变量应保持一致。若中国的利率期限结构传导机制仍然存在问题，则可能出现货币市场利率的系数显著而交叉项系数不显著或者符号相反的结果，这种情况说明尽管我国利率传导渠道有效，但其效果在实际传导中会受到其他因素的影响而出现传导不畅的阻滞情况。

此外，Repo_ 1、Chi_ 1 等均为货币市场利率，几种利率高度相关，同时放入模型会导致多重共线性问题。我们利用 MLE 方法来估计该系统方程，并将协整估计的结果汇总于表 5 - 5。

**表 5 - 5　价格粘性对利率渠道作用效果的实证结果三**

| 解释变量 | MR：Repo_ 7 | MR：Repo_ 7 | | | |
| --- | --- | --- | --- | --- | --- |
| | | fp | dp | sp | gu |
| Repo_ 7 | 2. 1148 *** (-5. 76) | 5. 6486 *** (-7. 82) | 0. 7150 *** (-4. 56) | 1. 337 *** (-5. 37) | 0. 8023 *** (-4. 45) |
| Repo_ 7 × fp | — | -2. 4257 ** (1. 99) | — | — | — |
| Repo_ 7 × dp | — | — | -0. 0575 ** (1. 65) | — | — |
| Repo_ 7 × sp | — | — | — | -0. 0123 (0. 46) | — |
| Repo_ 7 × gu | — | — | — | — | -2. 6799 *** (8. 62) |
| ex | 0. 9600 *** (-2. 66) | 2. 0621 *** (-2. 57) | 0. 4096 *** (-2. 64) | 0. 5333 *** (-2. 14) | 0. 1687 (0. 80) |
| $R^2$ | 0. 0130 | 0. 2736 | 0. 0978 | 0. 0183 | 0. 1392 |
| LogL | -26. 8715 | -34. 9399 | -61. 7860 | -86. 0973 | -24. 0598 |
| $Chi^2$ | 34. 06788 | 73. 90539 | 22. 32670 | 32. 01490 | 135. 24430 |
| P 值 | 0. 0000 | 0. 0000 | 0. 0000 | 0. 0000 | 0. 0000 |
| 解释变量 | MR：Repo_ 1 | MR：Repo_ 1 | | | |
| | | fp | dp | sp | gu |
| Repo_ 1 | 1. 8951 *** (-4. 91) | 5. 9156 *** (-7. 06) | 0. 8961 *** (-4. 83) | 1. 3305 *** (-5. 31) | 1. 2817 *** (-4. 65) |
| Repo_ 1 × fp | — | -4. 9558 *** (3. 51) | — | — | — |
| Repo_ 1 × dp | — | — | -0. 1128 ** (2. 52) | — | — |

续表

| 解释变量 | MR：Repo_1 | MR：Repo_1 | | | |
| --- | --- | --- | --- | --- | --- |
| | | fp | dp | sp | gu |
| Repo_1×sp | — | — | — | − 0.0177 (0.59) | — |
| Repo_1×gu | — | — | — | — | − 3.6721 *** (7.68) |
| ex | 0.1189 (− 0.42) | 0.2661 (− 0.42) | 0.1943 (− 1.40) | 0.0839 (− 0.47) | − 0.0121 (0.06) |
| R² | 0.0133 | 0.0334 | 0.0919 | 0.0176 | 0.0797 |
| LogL | − 25.9893 | − 31.6914 | − 57.0879 | − 80.3722 | − 23.6390 |
| Chi² | 25.3589 | 64.3853 | 26.1197 | 32.5849 | 100.9477 |
| P 值 | 0.0000 | 0.0000 | 0.0000 | 0.0000 | 0.0000 |

| 解释变量 | MR：Chi_1 | MR：Chi_1 | | | |
| --- | --- | --- | --- | --- | --- |
| | | fp | dp | sp | gu |
| Chi_1 | 2.0376 *** (− 4.93) | 5.1977 *** (− 6.77) | 0.9570 *** (− 4.73) | 1.3418 *** (− 5.05) | 1.1319 *** (− 3.96) |
| Chi_1×fp | — | — | − 3.5045 ** (2.69) | — | — |
| Chi_1×dp | — | — | − 0.1094 ** (2.35) | — | — |
| Chi_1×sp | — | — | — | − 0.0235 (0.77) | — |
| Chi_1×gu | — | — | — | — | − 3.7896 *** (7.58) |
| ex | 0.0997 (− 0.35) | 0.2249 (− 0.41) | 0.1866 (− 1.32) | 0.0597 (− 0.33) | 0.0200 (0.10) |
| R² | 0.0136 | 0.0310 | 0.0879 | 0.0198 | 0.1073 |
| LogL | − 24.6571 | − 30.2185 | − 56.3079 | − 79.4850 | − 21.3640 |
| Chi² | 25.4949 | 56.6532 | 24.2739 | 30.0430 | 93.7474 |
| P 值 | 0.0000 | 0.0000 | 0.0000 | 0.0000 | 0.0000 |

续表

| 解释变量 | MR：Chi_ 7 | MR：Chi_ 7 | | | |
| --- | --- | --- | --- | --- | --- |
| | | fp | dp | sp | gu |
| Chi_ 7 | 1. 8032 *** <br> （ － 5. 36） | 4. 9818 *** <br> （ － 7. 71） | 0. 9701 *** <br> （ － 5. 26） | 0. 6749 *** <br> （ － 2. 90） | 0. 7837 *** <br> （ － 4. 14） |
| Chi_ 7 × fp | — | － 1. 2118 <br> （1. 12） | — | — | — |
| Chi_ 7 × dp | — | — | － 0. 0809 ** <br> （2. 05） | — | — |
| Chi_ 7 × sp | — | — | — | － 0. 0758 *** <br> （2. 91） | — |
| Chi_ 7 × gu | — | — | — | — | － 2. 6562 *** <br> （8. 30） |
| ex | 0. 7394 ** <br> （ － 2. 26） | 1. 8402 ** <br> （ － 2. 64） | 0. 4034 ** <br> （ － 2. 28） | 0. 0707 <br> （ － 0. 31） | 0. 1994 <br> （0. 93） |
| $R^2$ | 0. 0126 | 0. 0276 | 0. 0735 | 0. 0862 | 0. 1593 |
| LogL | － 27. 4595 | － 35. 9678 | － 64. 6833 | － 86. 5956 | － 25. 7839 |
| $Chi^2$ | 29. 7475 | 67. 3644 | 27. 9601 | 21. 0961 | 121. 6769 |
| P 值 | 0. 0000 | 0. 0000 | 0. 0000 | 0. 0000 | 0. 0000 |

注：表中括号里为 Z 值。LogL 代表对数似然函数值。由于是长短期利率的传导，这里仅控制汇率传导渠道。

表 5 - 5 显示了不同货币市场利率对金融机构贷款利率的影响结果，我们在这里控制了汇率渠道的影响。第 1 列给出的是单独放入不同货币市场利率的估计结果，我们发现所有市场利率的系数均在 1% 的显著性水平上显著大于 0，但回归系数的绝对值有显著差异。这意味着随着我国利率市场化进程的加快，货币市场利率对银行贷款利率具有显著影响，但不同政策利率的传导效果存在差异。其中，7 天质押式回购加权利率的系数绝对值最大，说明传导效率表现出更高水平。

第 2 ~ 5 列分别是加入不同价格粘性代理变量的估计结果。结果显示，行业价格粘性显著弱化了货币政策利率渠道的作用效果。无论哪一种粘性价格代理变量与不同货币市场利率的交叉项，其多数系数均显著小于 0，与市场利率的系数反向，这意味着市场利率向贷款利率的传导过程中，价格粘性的确起到了调节作用，印证了我们的假设。以 Repo_ 7 为例，Repo_ 7 × fp 前的系数为 – 2.4257，弱化了 Repo_ 7 单独传导到长期贷款利率的效果，说明当 Repo_ 7 提升 1 个百分点，价格调整频率的增加能够使贷款利率较之前系数绝对值下降约 3 个百分点，传导效率明显下降；价格调整周期的增加则使得贷款利率较之前系数绝对值下降 0.0575 个百分点，粘性的提高会阻滞利率的传导效率；价格调整幅度的作用效率与价格调整周期的效果一样，调整幅度的增加也会阻滞 Repo_ 7 传导效率；倾向于上调价格的情况使得市场利率对贷款利率的传导效率下降最为明显，从 Repo_ 7 × gu 前的系数为 –2.6799 可以看出。

再以 Chi_ 1 为例，Chi_ 1 × fp 的系数为 – 3.5045，说明当 Chi_ 1 提升 1 个百分点，价格调整频率的增加能够使得贷款利率较之前系数绝对值下降约 2 个百分点，传导效率明显下降；价格调整周期的增加则使贷款利率较之前系数绝对值下降 0.1094 个百分点，粘性的增强也依然会阻滞利率的传导效率；价格调整幅度的作用并不明显，对传导效率的影响并不显著；倾向于上调价格的弱化效果相较于 Repo_ 7 更为明显，表现为 Chi_ 1 × gu 前的系数绝对值更大，其他两种货币市场利率的回归结果基本保持一致，从侧面也反映出结果的稳健性。

此外，估计结果显示变量 ex 的系数在各种情况下均显著，表明货币政策汇率渠道对利率之间的传导具有显著影响。不同于对行业融资能力的影响，在短期利率向长期利率的传导中，汇率渠道发挥了一定的作用。

接下来，为了研究不同价格粘性对贷款利率影响的动态作用关系，我们来看一下脉冲响应图。图 5 – 1 显示了脉冲响应分析的结果，其中横轴表示期数，纵轴表示内生变量受到一个标准差的冲击后的脉冲响应函数，在此仅汇报了贷款利率受到其他变量冲击后的结果。

从图 5 – 1 可以看出，面对货币政策与调价频率交叉项的一个标准差的正向冲击，贷款利率在总体上表现为先下降到最低点，然后再缓慢稳定。具体来看，在第 1 期，贷款利率有一个急促的负响应，随着期数的增加，这种负响应也在逐渐平缓，到第 4 期开始呈现水平态势，这在一定程度上反映了价格调整频率的引入在长期会使得货币政策对贷款利率产生长期效应。这与前文得到的结论一致。

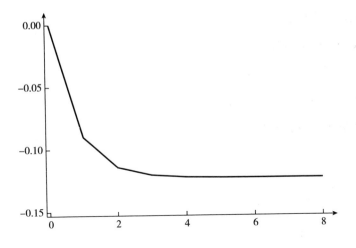

**图 5 - 1　调价频率对贷款利率的脉冲分析**

从图 5 - 2 可以看出，面对货币政策与调价周期交叉项的一个标准差的正向冲击，贷款利率在总体上表现为先上升到最高点，然后再下降。具体来看，贷款利率在第 0 期就迅速开始上升，到达最高峰后下降。对贷款利率的作用也较为持续。与我们之前的结果一致。

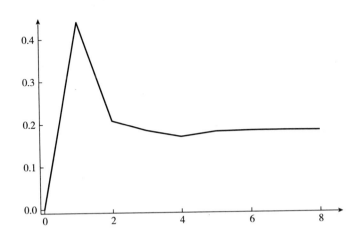

**图 5 - 2　调价周期对贷款利率的脉冲分析**

图 5 - 3 和图 5 - 4 给出了调价幅度与向上调价倾向对贷款利率的脉冲相应结

果。我们发现，在受到调价幅度一个标准差的正向冲击后，贷款利率在第 0 期就有了迅速反应，随后开始迅速下降，到第 2 期已经为最低值，整体表现贷款利率能够迅速受到影响。在受到向上调价比例一个标准差的正向冲击后，贷款利率在第 0 期并未产生强烈反应，而是在第 1 期开始迅速上升，经过平缓后又开始陡峭上升，整体表现贷款利率长期能够受到行业价格粘性的影响。

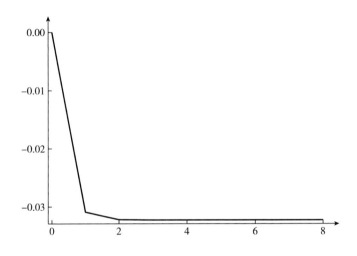

图 5－3　调价幅度对贷款利率的脉冲分析

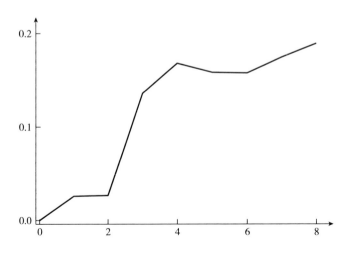

图 5－4　向上调价对贷款利率的脉冲分析

## （五）稳健性检验

### 1. 贷款利率管制放开前后

我们从中观层面解释了中国货币政策利率传导效率变化的原因，为货币政策利率传导理论研究提供了重要的中观行业基础。实证结果表明，中国货币政策利率传导效率的确因行业价格粘性差异发生了显著变化，货币市场利率对贷款利率的影响受到了价格粘性的调节。2013年是贷款利率浮动管制放开的一年，那么管制放开后价格粘性特征是否依然会使得传导效率发生变化呢？作为稳健性检验，我们以2013年贷款利率管制放开为契机，考察政策变化这一制度因素的调节作用差异。本书引入时间虚拟变量将方程改写成：

$$LR_t = \alpha + \beta MR_t^{(k)} + \lambda MR_t^{(k)} \times p_t \times d + \mathbf{X}_t \boldsymbol{\beta} + \varepsilon_t \tag{5-22}$$

其中，d是虚拟变量。贷款利率管制放开前取值0，之后取值为1。其他变量的解释与系列方程（5-14）～方程（5-21）相同，估计结果汇总于表5-6中。

表5-6 管制放开后利率传导效率的结果

| 解释变量 | MR：Repo_1 | MR：Repo_1 | | | |
| --- | --- | --- | --- | --- | --- |
| | | fp | dp | sp | gu |
| Repo_1 | 0.9188 *** (-152.52) | 2.0572 *** (-4.29) | -1.6191 ** (2.31) | 1.4239 *** (-3.69) | 0.9766 *** (-2.75) |
| Repo_1 × fp × d | — | -0.2891 (0.53) | — | — | — |
| Repo_1 × dp × d | — | — | -0.6122 *** (4.30) | — | — |
| Repo_1 × sp × d | — | — | — | 0.0358 (-1.61) | — |
| Repo_1 × gu × d | — | — | — | — | -1.3418 *** (2.60) |
| ex | -1.4396 *** (154.99) | -0.8913 (1.25) | -6.3077 *** (6.28) | -1.1434 ** (1.99) | -1.3683 *** (3.05) |

续表

| 解释变量 | MR：Repo_1 | MR：Repo_1 | | | |
|---|---|---|---|---|---|
| | | fp | dp | sp | gu |
| R² | 0.3100 | 0.3911 | 0.2438 | 0.3940 | 0.2993 |
| LogL | 23.3355 | 116.5404 | 103.0776 | 102.4242 | 120.176 |
| Chi² | 174558.3000 | 59.7533 | 74.4282 | 56.3281 | 151.6941 |
| P值 | 0.0000 | 0.0000 | 0.0000 | 0.0000 | 0.0000 |

注：货币市场利率选取的是 Repo_1，其他利率的估计结果并未汇总于表，但估计结果基本一致。

表5-6的结果显示，除了 dp 这种价格粘性指标，其他方程在控制了汇率传导渠道的基础上，Repo_1 的系数均显著大于0，与之前的回归结果相同，进一步说明我国利率传导渠道的作用效果显著。但单独放入 Repo_1 的系数绝对值却低于加入价格粘性与政策虚拟变量之后的估计结果，说明我国货币市场利率的传导效率有所减弱，此结果有可能与商业银行制定统一的利率管理办法和内部资金转移定价规定有关。总体结果显示，贷款利率管制放开后，行业价格粘性对利率传导的影响效果有所减轻，表现在系数显著性有所下降，甚至出现了不显著的情况。

2. 更换被解释变量

为了稳健性考虑，我们还借鉴 Kaplan 和 Zingales（1997）的做法，根据公司经营性净现金流、股利、现金持有、资产负债率以及托宾 Q 值等财务指标构建融资约束指数（KZ 指数），用来衡量企业的融资约束程度，因为面临宽松的货币政策时，行业的融资约束将会得到缓解。表5-7的估计结果显示，行业价格粘性的确会调节传统利率渠道的作用效果，前文的估计结果依然稳健。

表5-7　更换融资能力后的估计结果

| 解释变量 | (1) | (2) | (3) | (4) | (5) |
|---|---|---|---|---|---|
| | KZ 指数 | | | | |
| M2_ln | -0.7805*** (-4.76) | -1.1237** (-3.64) | -1.1236*** (-3.63) | -1.4208*** (-4.64) | -1.4737*** (-4.82) |

续表

| 解释变量 | (1) | (2) | (3) | (4) | (5) |
|---|---|---|---|---|---|
| | KZ 指数 | | | | |
| fp | — | 12.6797 ** <br> (2.63) | 12.7354 ** <br> (2.62) | 11.1382 ** <br> (2.4) | 11.6408 ** <br> (2.52) |
| M2_ ln × fp | — | -0.9011 *** <br> (-2.59) | -0.9046 ** <br> (-2.58) | -0.7887 *** <br> (-2.35) | -0.8177 ** <br> (-2.45) |
| ex | — | — | -0.0220 <br> (-0.12) | | -0.3116 <br> (-1.65) |
| se | — | — | — | 0.0003 *** <br> (3.65) | 0.0004 *** <br> (4.02) |
| Observations | 162 | 162 | 162 | 162 | 162 |
| $R^2$ | 0.1369 | 0.2922 | 0.3695 | 0.2932 | 0.3140 |
| Ind_ FE | NO | YES | YES | YES | YES |
| 其他控制变量 | YES | YES | YES | YES | YES |

# 三、价格粘性在信贷传导渠道中的作用

## (一) 引言

"供给侧结构性改革" 是中国当下为解决结构性矛盾、打造新常态下经济新动能的重大举措。新常态下，结构性矛盾集中表现为供给体系不能适应产业升级和消费升级的需求，习近平同志更多次强调要 "加强供给侧结构性改革，着力提高供给体系质量和效率"。金融业恰好存在着成本高、效率低等严重问题。明确金融业在供给侧结构性改革中的新定位，"金融服务实体经济" 的本质不能狭义地认为实体经济具有超主导作用，应该明确这一金融本质背后的前提条件是遵循金融市场运行规律，扩大金融的有效供给，而不是继续抑制金融要素的供给。

"市场在资源配置中占据决定性作用"与"金融服务实体经济"之间并不出现背离，这是在党的十八届三中全会中反复强调的。换句话说，金融服务实体经济，尊重金融自身的发展规律，不应该以损害金融市场效率来实现。通过任何形式的行政力量来干预金融业提供服务给实体经济，一味地让金融业不甘心地"付出"，只会继续打造大批对资金价格信号不敏感、预算出现严重软约束的"僵尸企业"。

从我国过去的实践来看，部分领域忽视资金价格与成本，形成大量产能过剩与库存，而以刺激投资需求为目的的低利率货币政策使投资收益率逐渐下降的同时也滋生了大量非理性投资，"强刺激"带来的劣质投资最终致使货币传导受阻，货币政策的传导效率大打折扣（汪川，2015）。这些给我国经济运行带来了沉重负担，这与扭曲的金融无效供给密切相关。

供给侧结构性改革就是要重新改变资源的配置来提升效益，如贾康（2016）所言，关注由需求侧"原动力"引发的供给侧响应、适应机制。因此，从供给角度考察货币政策的传导机制至关重要。同时也促使我们反思如下问题：消耗货币资源而没有带来相应产出价值的根源在哪里？影响货币政策发挥应有作用的障碍是什么？如何清除障碍？从占据我国重要地位的信贷结构来研究这些问题根源，对推动供给侧结构性改革顺利进行具有重要的现实意义，也为我国货币政策结构性转型提供借鉴思路。

货币政策对各部门产出和通货膨胀的影响决定部门的价格粘性水平，粘性越强，货币政策冲击对其产出的影响越大，而对部门通货膨胀的影响越小，侯成琪和龚六堂（2014）对此进行了分析。另外，部门间的价格粘性异质性使得货币政策冲击产生的不同结果给投资者带来了套利空间。这是非理性投资扭曲货币政策传导路径的微观基础。基于前人的研究逻辑，价格粘性是货币政策短期非中性的内生变量，也是外生冲击导致名义扭曲的关键原因。我们从货币传导机制有效运行所依赖的条件着手，从中观层面探索供给侧价格粘性导致部门非理性投资繁荣的内生路径，进而测算其在阻滞信贷传导机制中的"贡献度"，为货币政策结构性转型提供新的依据。

### (二) 实证设计

本章刻画了中观层面价格粘性因素在货币政策运行机制中的动态影响，实证考察不同行业的价格粘性与货币政策信贷传导之间的关系，进而厘清行业价格粘性高低所依赖的制度条件与行业特性，剖析价格粘性异质性是否会带来不同行业的投资非理性，最终削弱信贷传导的力度而产生调控偏差。实证设计的目标在于从中观层面剖析阻滞货币定向传导机制中存在的供给侧因素问题，为政策转型与结构性优化提供量化依据。

传统的信贷渠道是指货币政策可以通过银行借贷渠道影响到企业的外部融资。根据此观点，货币政策紧缩会减少银行准备金，从而导致银行可贷资金数量的下降，从金融资金供给角度，解释行业企业融资为什么会受到政策环境因素的影响。

货币政策通过银行信贷渠道对行业投资的影响，包括两个环节：一是货币政策对银行贷款供给到各行业的影响；二是行业的外部融资能力对银行贷款的依赖程度。研究背后的逻辑是货币政策对各部门的影响差异取决于各部门的价格粘性水平，具体来说，一方面，价格粘性强化还是弱化了银行外部融资市场的失灵？另一方面，价格粘性强化还是弱化了行业企业外部融资市场的失灵？

1. 对银行贷款供给的影响

为了检验粘性价格是否会影响信贷传导的效率，我们构建价格粘性、货币政策与行业信贷结构之间关系的面板模型：

$$\text{Credit}_{i,t} = \alpha + \beta_1 \text{MP}_t + \beta_2 \times \Delta p_{i,t} + \beta_3 \text{MP}_t \times \Delta p_{i,t} + \mathbf{X}_t \boldsymbol{\beta} + \varepsilon_{i,t} \tag{5-23}$$

$$\text{Credit}_{i,t} = \alpha + \beta_1 \text{MP}_t + \beta_2 \times \Delta p_{i,t} + \beta_3 \text{MP}_t \times \Delta p_{i,t} + \beta_4 \text{MP}_t \times \Delta p_{i,t} \times D + \mathbf{X}_t \boldsymbol{\beta} + \varepsilon_{i,t}$$

$$\tag{5-24}$$

其中，模型（5-23）中，被解释变量为银行信贷规模 Credit，代表了银行信贷供给量。主要解释变量包括货币政策代理变量 MP、行业价格粘性代理变量 Δp 以及两者的交乘项。货币政策变量，我们选取价格调控工具，即银行间存款质押 7 天回购利率（DR007），这是货币市场重要的短端实际利率。考虑货币政策效应具有一定时滞,同时为减少可能存在的内生性问题(不能完全排除行业行为影响央行货币政策选择的可能性),货币政策都选择了滞后一期值。控制变量与利率传导渠道基本一致。$\varepsilon_{it}$ 为随机扰动项。

模型(5-24)在模型(5-23)的基础上进一步观察相对于其他行业,紧缩性货币政策是否会导致产能过剩行业信贷获取量出现边际减少,价格粘性对产能过剩行业产生更强的抑制效果,从而实现行业结构调整功能。D 为行业类型虚拟变量:当 D=1 时表示行业类型为产能过剩行业,否则代表非产能过剩行业。借鉴战明华等(2021)的研究,我们将石油、有色、煤炭、建材、钢铁、造纸、房地产等行业划为产能过剩企业,将其余行业划为非产能过剩行业。

根据前文的总结,当模型中不控制价格粘性变量时,紧缩性货币政策将降低银行信贷水平,因此预期 MP 系数显著为负数。当模型中加入价格粘性及其交互项后,观察 MP 的系数与 $\Delta p \times MP$ 的系数是否显著,如果都显著,且系数符号相同,说明价格粘性增强了货币政策对行业信贷的作用。如果系数显著,且系数符号相反,则说明价格粘性会阻碍货币政策的信贷传导效应。

2. 对行业外部融资的影响

如果行业外部融资市场存在摩擦,而银行贷款与其他资产工具是不可完全替代的,那么面临紧缩性货币政策冲击时,银行贷款供给的减少会导致企业负债结构中银行贷款占比的减小。计量模型设定如下:

$$IC_{i,t} = \alpha + \beta_1 MP_t + \beta_2 \times \Delta p_{i,t} + \beta_3 MP_t \times \Delta p_{i,t} + X_t \beta + \varepsilon_{i,t} \qquad (5-25)$$

其中,IC 是行业信贷融资占比,用加总后的短期借款与长期借款占行业总负债的比例表示。按照前面的逻辑,如果价格粘性显著弱化了货币政策银行信贷渠道中行业外部融资的这一环节,则此时交叉项 $\Delta p \times MP$ 的系数绝对值或者显著性水平应有明显下降。在后面实证分析中,本书还进一步考察了行业国有股占比这一行业制度因素的影响。

**(三)数据来源与描述性统计**

鉴于可得数据的特征,本书研究样本为 2008~2018 年中国各行业的面板数据，各行业价格粘性测算的基础数据及宏观经济变量均来自 Wind 数据库和中经网产业数据库，货币政策数据来自中国人民银行网站。

表 5 - 8 对主要变量进行了描述性统计。其中，行业信贷结构的均值为 5.79%，占总体贷款的比例并不高。价格粘性 Δp 的多维度代理变量依然是调价频率、调价周期、调价幅度与向上调价比例，其均值分别为 0.44、3.55 个月、6.73% 与 47.95%，其中调价幅度的最大值为 138.59%，最小值为 0。7 天期银行同业拆借利率的均值为 2.80%。

表 5 - 8　主要变量的描述性统计

| 变量 | 均值（%） | 标准差（%） | 中位数（%） | 最小值（%） | 最大值（%） |
|---|---|---|---|---|---|
| Credit | 0.08 | 0.05 | 0.06 | 0.01 | 0.22 |
| IC | 0.91 | 0.07 | 0.92 | 0.42 | 1.05 |
| DR007 | 4.18 | 1.52 | 4.83 | 1.56 | 6.33 |
| Chi_ 7 | 2.80 | 0.77 | 2.77 | 1.28 | 4.18 |
| fp | 0.44 | 0.34 | 0.42 | 0.00 | 1.00 |
| dp | 3.55 | 4.08 | 1.55 | 0.40 | 11.50 |
| sp | 6.73 | 15.12 | 2.01 | 0.00 | 138.59 |
| gu | 0.48 | 0.23 | 0.50 | 0.00 | 1.00 |

### （四）回归结果分析

本部分从行业融资与价格粘性的双重视角出发，对中国货币政策的行业结构效应及其动态特征进行刻画，对全面评估货币政策信贷传导效果意义重大。

1. 对银行贷款供给的影响

表 5 -9 汇总了以价格型货币政策代理变量 DR007 的回归结果。结果显示，以 sp 为价格粘性代理变量的方程中，第 1 列是单独放入货币政策工具，且控制汇率渠道与资产价格渠道后的估计结果。第 2 ~ 4 列是引入价格粘性以及其与货币政策的交叉项，并对其他传导渠道进行不同程度控制后的估计结果。第 5 ~ 7 列是引入价格粘性、价格粘性与货币政策的交叉项以及价格粘性、货币政策与过

剩行业的交叉项，且对其他传导渠道进行不同程度控制后的估计结果。

表5－9　价格粘性对信贷渠道作用效果的实证结果一

| 解释变量 | (1) | (2) | (3) | (4) | (5) | (6) | (7) |
|---|---|---|---|---|---|---|---|
| | $\Delta p$：sp | | | | | | |
| DR007 | −0.0029*<br>(−3.31) | −0.0040**<br>(−4.96) | −0.0037***<br>(−4.73) | −0.0034***<br>(−3.77) | −0.0041***<br>(−5.04) | −0.0037***<br>(−4.83) | −0.0033***<br>(−3.77) |
| sp | — | 0.000074<br>(0.54) | 0.000132<br>(1.01) | 0.000110<br>(0.79) | −0.000420<br>(−1.45) | −0.000360<br>(−1.33) | −0.000404<br>(−1.44) |
| DR007×sp | — | −0.000030*<br>(−1.73) | −0.000040***<br>(−2.32) | −0.000037**<br>(−2.28) | −0.000039**<br>(−2.20) | −0.000047****<br>(−2.81) | −0.0000465***<br>(−2.78) |
| DR007×sp×D | — | — | — | — | 0.000190**<br>(1.93) | 0.000185**<br>(2.06) | 0.000189**<br>(2.09) |
| ex | 0.0165**<br>(2.45) | — | 0.0232***<br>(4.52) | 0.0207***<br>(2.95) | — | 0.0233***<br>(4.57) | 0.0200***<br>(2.88) |
| se | 3.72e−06<br>(1.07) | — | — | 1.93e−06<br>(0.53) | — | — | 2.46e−06<br>(0.69) |
| Observations | 162 | 162 | 162 | 162 | 162 | 162 | 162 |
| $R^2$ | 0.0231 | 0.1042 | 0.0147 | 0.1050 | 0.0223 | 0.0315 | 0.3046 |
| Ind_ FE | NO | YES | YES | YES | YES | YES | YES |
| 控制变量 | YES | YES | YES | YES | YES | YES | YES |

根据第1列中实证结果可以得到货币政策信贷渠道在中国行业层面显著存在，紧缩的货币政策会抑制行业获得的银行信贷，一定程度上表明银行信贷渠道是货币政策影响行业的重要传导渠道。这一结果与当前银行贷款仍占社会融资总规模60%以上的事实相符。然而上证综指前的系数并不显著，也说明我国资本市场的发展目前并未对银行信贷供给渠道产生明显的替代作用，资产价格渠道还有待进一步畅通。

第2～4列的结果表明，无论对其他传导渠道进行何种程度的控制，价格粘性均显著地增强了价格型工具对于行业资金供给的作用效果。表现在两方面：一是 DR007 × sp 的系数显著为负，并与 DR007 前的系数符号保持一致；二是相较于未加入价格粘性的结果，DR007 前的系数绝对值显著增加。这说明价格粘性通过影响银行贷款供给这一环节强化了我国货币政策信贷渠道的作用效果。需要强调的是，实证结果显示，信贷渠道的作用效果取决于行业价格粘性对于货币政策冲击的敏感度，在紧缩政策下，价格调整幅度越大，即粘性越小的行业，其对货币政策冲击的敏感度越小。也可以理解为，在紧缩货币政策条件下，通过政策力量改变行业的价格调整幅度，可以起到提高（降低）某些行业获得的外部融资水平。

第 5~7 列的结果显示，在控制汇率和资产价格渠道后，DR007 × sp × D 的系数均在 5% 的显著性水平上显著为负，即相对于产能不过剩的行业，当面临紧缩性货币政策时，1 单位价格粘性的变动会导致货币政策工具对银行信贷供给的边际效应增加约 0.000190 个单位。也就是说，相对于非产能过剩行业，紧缩性货币政策对产能过剩行业信贷获得能力的影响更大。这意味着，由于产能过剩行业企业的投资在货币政策紧缩时期更加依赖内部资金，且价格粘性较小，我们预想紧缩性货币政策通过银行信贷渠道去产能的效果就会大打折扣。

总体来说，这与我国现实情况比较吻合，根据我们的测算，在各行业中，获得银行贷款占比较高的行业，如我国房地产行业，其行业获得贷款的水平大于行业中值，房地产行业平均调价幅度（27.06%）远大于行业的平均调价幅度（6.73%）。一二线城市房价频繁向上调价的倾向也使得银行信贷资源向房地产行业倾斜，这些都与本书的结果一致。

2. 对行业外部融资的影响

如表 5 - 10 所示，在以 sp 为价格粘性的模型中，第 1~2 列是混合样本的回归结果，第 3 列和第 4 列分别是行业国有股占比高低两组的估计结果。货币政策信贷渠道中的银行贷款影响行业外部融资这一环节十分显著。这一结果说明随着货币政策的紧缩，行业融资中的外源性贷款融资占比显著降低，进而表明无论在哪一种行业，货币政策信贷渠道中的银行贷款影响企业外部融资这一环节都十分明显。

表5-10　价格粘性对信贷渠道作用效果的实证结果二

| 解释变量 | (1) | (2) | (3) | (4) |
|---|---|---|---|---|
| | 混合样本 | | 国有股占比高 | 国有股占比低 |
| DR007 | -0.01190*<br>(-4.44) | -0.00910***<br>(-2.84) | -0.00630***<br>(-3.15) | -0.01018***<br>(-2.04) |
| sp | — | -0.00079<br>(-1.58) | 0.00052*<br>(1.75) | -0.00147<br>(-1.55) |
| DR007×sp | — | -0.00016<br>(-1.18) | 0.00019**<br>(2.36) | -0.00017<br>(-0.81) |
| ex | — | 0.03880<br>(1.56) | 0.10460***<br>(4.82) | 0.02690<br>(0.77) |
| se | — | 0.00001<br>(1.37) | -2.58e-06<br>(-0.26) | 0.00002<br>(1.33) |
| Observations | 162 | 162 | 162 | 162 |
| R² | 0.2313 | 0.3177 | 0.0580 | 0.4160 |
| Ind_FE | NO | YES | YES | YES |
| 控制变量 | YES | YES | YES | YES |

价格粘性对于货币政策信贷渠道中的行业外部融资这一环节并无明显的作用效果，但对于国有股占比较高的行业则存在较大影响。在所有样本中，控制其他渠道以及价格粘性等相关变量后，交叉项 DR007×sp 的系数为负但不显著，这说明价格粘性并没有对货币政策影响行业整体外部融资选择产生明显作用，进而说明价格粘性对于货币政策信贷渠道作用效果的影响主要体现在银行贷款供给环节而非行业外部融资这一环节。

但在国有股占比较高的样本组中，DR007×sp 的系数显著为正，并与 DR007 前的系数符号相反，而在国有股占比较低样本中几乎完全不显著。这说明随着货币政策的紧缩，在国有股占比较高的行业中，价格粘性在货币政策影响行业外部融资这一环节效果显著。从系数符号上看，价格粘性弱化了我国货币政策信贷渠道的作用效果，可能是国有股占比较高行业很多属于产能过剩的行业，在货币政策负向冲击下，其行业特征减缓了货币政策收缩信贷、提高行业融资约束的政策意图。

### （五）稳健性检验

为了稳健性的考虑，主要采取以下检验方法：①变换数据库。从中经网数据库中重新整理了行业信贷占比的数据，表5－11给出了所有的稳健性检验的回归结果，在考虑行业信贷结构这一被解释变量的不同数据库后，货币政策信贷传导路径的直接效应依然稳健，但价格粘性指标的相关结果并未通过显著性检验，这可能也与数据库本身数据质量有关。②更换货币政策代理变量。对于货币政策的代理变量，考虑了7天期银行间同业拆借利率Chi_7。结果显示，实证结果依然稳健。③更换价格粘性的代理变量。研究还更换了价格粘性的代理指标，重新对方程进行了检验，结果也证实前文的研究结论。

表5－11  稳健性检验的实证结果

| 解释变量 | （1）更换数据库 | （2）货币政策指标：Chi_7 | （3）价格粘性指标：dp |
|---|---|---|---|
| MP | −0.16820 **<br>（−2.28） | −0.00800 ***<br>（−2.83） | −0.00351 ***<br>（−3.84） |
| Δp | 0.01425<br>（0.35） | 0.00012<br>（0.87） | −0.00940 *<br>（−1.70） |
| MP × Δp | −0.00198<br>（−0.26） | −0.000061 *<br>（−1.83） | −0.00278 **<br>（−2.40） |
| Observations | 162 | 162 | 162 |
| $R^2$ | 0.0979 | 0.1022 | 0.2241 |
| Ind_FE | YES | YES | YES |
| 控制变量 | YES | YES | YES |

# 四、价格粘性在预期管理渠道中的作用

## （一）引言

近年来，央行明显加强了与公众的沟通，充分体现了其对预期管理的重视。这其中既有全球货币政策发展趋势的影响，又与中国现实的需要有关。中国的货币政策框架属于典型的多目标制，近几年多变的宏观经济形势使得央行的货币政策操作难度加大，言辞沟通的重要性凸显。虽然货币政策的主基调自 2011 年转为"稳健"以来并无变动，但政策操作在不同年份仍存在一定的区别。此时，加强言辞沟通有利于央行向公众传递更多的货币政策信息，提高预期管理的效果。

当经济主体缺乏足够的公共信息时，多元化的个人信息将发挥更大的作用，公众预期将变得混乱。央行的预期管理就是要通过释放货币政策方面的公共信息，来推动公众形成一致性的预期。要达到这一目的，央行首先需要通过各种方式明确体现出其对言辞沟通的重视，以充分吸引公众对央行沟通信息的关注，进而推动该类信息在个体决策中发挥更大的作用。2009 年，国务院常务会议上首次明确提出"管理好通胀预期"的概念。接着，中国人民银行通过发布《货币政策执行报告》等方式向公众介绍预期管理的相关知识，明确言辞沟通在预期管理中的重要性。

央行沟通意味着对待市场像对待一个有信仰的人一样，赋予市场本来没有的属性，因为只有将市场看作是具有连贯信仰的人，预期引导才能发挥作用（Morris and Shin，2008）。政策利率未来路径的透明度被视为引导长期利率的一种"装置"，更为关键的是，这种"指引"也被认为是一种适合进行的微调策略。所谓的市场预期也通常与央行指引息息相关。

更重要的是，中国的货币政策在转型过程中有效性有所下降，言辞沟通开始发挥重要的作用（郭豫媚和周璇，2018）。理论上，央行可以通过言辞沟通向公众提供公共信息以管理预期（Morris and Shin，2002），进而影响其行为。充分的言辞沟通对公众正确理解未来的货币政策方向和力度至关重要。从行业调控的角度来看，目前货币政策要承担调整经济结构的功能，在实际执行调控工具的行动前，如果央行坚定执行调控政策的信息内涵不够稳定和透明时，被调控的行业企业投融资行为将不会及时给予反馈，即弱化央行对行业调整的影响。反之，当央行的言辞沟通更为明确地表现出货币政策的取向，意味着行业企业就会对未来面临宽松（紧缩）的货币信用环境形成一致预期，从而实时改变自身的投融资决策。

从实际情况来看，央行的言辞沟通能否有效对行业调整产生作用？行业价格粘性特征是否能够影响货币政策预期管理渠道的传导效果？这些问题的答案对提高货币政策的有效性具有重要的参考价值。

### （二）实证设计

为了检验前文提出的问题，建立如下面板数据计量模型：

$$\text{Credit}_{i,t} = \alpha + \beta_1 \text{EM}_t + \beta_2 \times \Delta p_{i,t} + \beta_3 \text{EM}_t \times \Delta p_{i,t} + X_t \beta + \varepsilon_{i,t} \quad\quad (5-26)$$

其中，被解释变量为银行信贷规模 $\text{Credit}_{i,t}$。主要解释变量中，$\text{EM}_t$ 表示央行的预期管理政策，这里采用央行沟通指数来反映。考虑货币政策效应具有一定时滞，同时为减少可能存在的内生性问题（不能完全排除企业行为影响央行货币政策选择的可能性），沟通指数选择了滞后一期值。控制变量与信贷传导渠道基本一致。$\varepsilon_{i,t}$ 为随机扰动项。

### （三）变量选取与数据来源

要研究央行言辞沟通的传导效果，首先需要对预期管理政策进行合理度量。本书使用了王宇伟等（2019）所公布的央行言辞沟通指数和实际行动指数，开展后续的实证研究。该指数的构建方法是从货币政策基调、货币信贷环境、物价水平、经济增长四个方面整理货币政策措辞，根据措辞方向及强度的不同进行赋值，最终构建出央行的沟通指数。该方法按各措辞的方向和强度将其区分为 -1、

$-0.5$、0、0.5、1 五个量级，量级越高表示宽松倾向越强。因此，沟通指数越大，意味着该时段央行的言辞沟通越偏向宽松。

鉴于可得数据的特征，研究样本为 2008～2018 年中国各行业的面板数据，各行业价格粘性测算的基础数据及宏观经济变量均来自 Wind 数据库和中经网产业数据库，货币政策数据来自中国人民银行网站。

### （四）回归结果分析

表 5-12 给出了模型的回归结果，不管是央行言辞沟通指数单独进行回归，还是价格粘性一同进入实证模型，言辞沟通指数都对行业信贷供给产生了显著的正向影响，表现在 EM 前的系数均显著大于 0，说明宽松（紧缩）方向的沟通均增加（抑制）了行业的信贷供给。从整个样本期的回归结果看，货币政策有效性未出现明显下降的迹象。

表 5-12　价格粘性对预期管理渠道作用效果的实证结果

| 解释变量 | （1） | （2） | （3） | （4） |
|---|---|---|---|---|
| EM | 0.00081 *** <br> (3.38) | 0.00065 ** <br> (2.37) | 0.00060 * <br> (1.86) | 0.00072 ** <br> (2.57) |
| sp | — | $-0.00014$ <br> $(-1.50)$ | $-0.00014$ <br> $(-1.51)$ | $-0.00017$ ** <br> $(-1.95)$ |
| EM × sp | — | 0.000046 ** <br> (1.95) | 0.000046 ** <br> (1.96) | 0.000044 ** <br> (2.03) |
| ex | — | — | — | 0.02890 *** <br> (4.50) |
| se | — | — | $1.05e-06$ <br> (0.31) | $-2.52e-06$ <br> $(-0.78)$ |
| Observations | 162 | 162 | 162 | 162 |
| $R^2$ | 0.2313 | 0.2760 | 0.2035 | 0.2373 |
| Ind_ FE | NO | YES | YES | YES |
| 控制变量 | YES | YES | YES | YES |

表5-12第2~4列给出了引入价格粘性的回归结果。结果显示，无论如何控制其他传导渠道的影响，EM×sp前的系数均显著为正，且与央行言辞沟通指数保持一致，这说明了行业价格粘性会影响货币政策预期渠道的效果，且随着行业价格粘性的增强，央行的预期管理能力也随之增强。如前所述，本书认为产生这一结果的原因是央行非常关注通胀预期的问题，对于价格信息的沟通非常频繁，在每期的《货币政策执行报告》中关于CPI等价格信息的词频就可以真实反映。行业的价格粘性中势必也会包含关于该行业价格信息，在一定程度上明显改善预期管理的作用效果。通过观测各种行业的价格粘性特征，更多提及关于行业价格的预期管理方式很可能有助于提高政策传导的效果。

当前，在较为复杂的经济和金融形势背景下，尤其在货币政策逐渐由数量型目标向价格型目标转型过程中，一些传统政策手段的实际作用效果在下降。此时，为了实现货币政策的"调结构"功能，改善资金"脱实向虚"的现状，央行可以定期监测关注各行业的价格信息，建立定期的沟通制度，在政策执行上也保持高度的一致性，提高言辞沟通的有效性。

**（五）稳健性检验**

**1. 更换预期管理变量**

本部分更换预期管理的代理变量，采用货币政策行动指数，重新进行了检验。该指数大于0意味着此时间段央行通过行为干预反映出的货币政策偏宽松，数字越高货币政策越宽松。所有的检验结果显示，不管采用哪种预期管理代理变量，各项系数前的符号和显著性均基本保持稳定（见表5-13）。

表5-13 稳健性检验的结果一

| 解释变量 | (1) | (2) | (3) | (4) |
|---|---|---|---|---|
| EM | 0.00530 *** | 0.00502 ** | 0.00453 ** | 0.00469 ** |
| | (3.12) | (2.26) | (2.39) | (2.39) |
| sp | — | 0.00009 | -0.00018 ** | -0.00019 ** |
| | | (0.41) | (-2.16) | (-2.15) |

续表

| 解释变量 | （1） | （2） | （3） | （4） |
|---|---|---|---|---|
| EM × sp | — | 0.00007 (0.31) | 0.00025 * (1.82) | 000252 ** (1.82) |
| ex | — | — | 0.03220 *** (5.43) | 0.03290 *** (5.22) |
| se | — | — | — | − 9.08e − 07 ( − 0.32) |
| Observations | 162 | 162 | 162 | 162 |
| $R^2$ | 0.0645 | 0.1626 | 0.2671 | 0.2677 |
| Ind_ FE | NO | YES | YES | YES |
| 控制变量 | YES | YES | YES | YES |

**2. 更换 IV（工具变量法）估计方法**

研究使用 IV（工具变量法）重新估计了行业价格粘性在预期管理渠道中的作用，采用滞后期作为自身工具变量处理可能的内生性问题。表 5 − 14 结果显示，在使用 IV 方法后，前有结果保持稳健。

表 5 − 14　稳健性检验的结果二

| 解释变量 | （1） | （2） | （3） | （4） |
|---|---|---|---|---|
| EM | 0.000640 ** (2.16) | 0.000770 ** (2.56) | 0.000630 * (1.82) | 0.000760 ** (2.23) |
| sp | − 0.000080 ( − 0.67) | − 0.000160 ( − 1.33) | − 0.000090 ( − 0.67) | − 0.000160 ( − 1.32) |
| EM × sp | 0.000045 ** (1.66) | 0.000061 ** (2.20) | 0.000045 * (1.66) | 0.000061 ** (2.19) |
| ex | — | 0.026800 *** (3.18) | — | 0.026700 *** (3.16) |
| se | — | — | 2.28e − 07 (0.09) | 9.84e − 10 (0.00) |
| Observations | 126 | 126 | 126 | 126 |
| $R^2$ | 0.8890 | 0.2618 | 0.8877 | 0.2633 |
| Ind_ FE | YES | YES | YES | YES |
| 控制变量 | YES | YES | YES | YES |

# 第六章　主要结论与政策建议

## 一、主要结论

　　本书提出货币政策传导阻滞问题的研究背景之后，对部门价格粘性和货币政策之间的响应机制的相关文献进行了回顾与评述，搭建出我国货币传导机制的理论研究基础。随后，对我国货币金融环境和货币信贷政策的现状进行了分析，指出目前我国货币政策承担着兼顾总量、结构调控的重任，货币政策调控框架的转型难度较高。在实证研究中，对我国货币政策的有效性与我国行业价格粘性进行了测度。其中，有效性的判断侧重于不同货币政策工具的信贷调控功能和长短期利率之间的传导效率。价格粘性则着眼于中观层面，分类测算了不同行业的价格粘性指标，判断了行业价格粘性高低所依赖的制度条件与行业特征，并对行业价格粘性与总量价格粘性进行了横向与纵向的比较；构建价格粘性与货币政策存在关联的理论分析框架，从货币传导机制有效运行所依赖的条件着手，运用行业证据进行实证设计来检验行业价格粘性在货币政策传导机制中的作用程度，并提出价格粘性是货币政策短期非中性的内生变量，也是外生冲击导致名义扭曲的关键原因。从中观层面探索货币政策供给效应中调控行业结构的重要功能，为货币政策结构性转型提供新的依据。具体来看，主要结论有四点：

第一，货币政策具有结构调整功能是货币政策在供给侧发挥作用的重要体现。目前，信贷传导渠道仍然占据我国传导机制的主导地位，但是面临着结构性传导阻滞的问题。

2014年以来，我国开始使用结构性货币政策工具对重点领域进行调控，倾向性扶持"三农"、小微企业等重点经济领域。商业银行是货币政策实施的重要中介机构，而结构性调整源自商业银行资金成本差异，当市场中出现定向的低成本拨款或存款准备基金降低时，商业银行定向部门业务的资金成本降低，这使得定向部门贷款利率将低于非定向部门贷款利率。基于部门利差的市场机制使得结构性货币政策不再受零利率约束，即在低利率环境下结构性货币政策仍是有效的。随后，利用2014~2020年我国信贷和货币政策的季度数据，基于FAVAR模型和PVAR模型，从信贷角度讨论我国结构性货币政策对重点领域的调控效果以及省级间的地区差异。结果发现，无论是传统工具，还是结构性工具，货币政策对宏观经济的调控都是显著有效的。但传统货币政策在定向推动"三农"、小微领域的效果有限。结构性货币政策工具能够起到定向调控的作用。其中，SLF和MLF对三类贷款存在明显的促进作用，定向降准作用效果次之，而PSL作用有限，这说明货币政策调控作用的大小与行业差异以及货币政策工具类型有关。此外，结构性货币政策对我国中部、东部、西部经济的促进作用存在差异。当生产总值受到货币政策冲击时，西部地区响应效果最为明显，中部地区次之，东部地区最弱。这表明结构性货币政策对中西部相对欠发达地区起到了更为显著的促进作用，有利于缩小区域经济差异。

第二，利率传导渠道中，政策利率向货币市场短端利率的传导渠道较为通畅，但对收益率曲线长端利率的传导并不通畅。

我国货币政策正处于"量型"向"价型"转型时期，所面临的首要挑战是政策工具向其他市场利率，尤其向债券收益率传导的有效性问题。本书从国债收益率角度，充分考虑我国货币政策转型期混合采用政策工具等特殊特征，着重考察了不同类型货币政策在收益率曲线长短端的传导效果。基于微观与宏观两个维度刻画收益率曲线的经验结果，收益率曲线的变化受到货币政策的影响，且不同类型货币政策工具对收益率曲线的传导效率存在显著差异。传统型政策工具中，相较于数量型，价格型工具在收益率曲线的传导中效果较为突出。结构性政策工具的使用对中长期国债收益率的影响有限，尤其依据宏观经验法刻画的收益率曲线对结构性政策的反应更弱。本书重新审视并评估了收益率曲线的传导效果，为我国现阶段深化利率市场化和货币价格调控转型提供经验证据。

第三，行业价格粘性在货币传导机制中具有重要调节作用。由于货币政策不同传导渠道的相对作用取决于不同行业价格粘性的状况，价格粘性对于货币政策不同传导渠道的影响存在显著差异。

在识别价格粘性对利率渠道传导产生作用的实证结果中：总体价格粘性层面，在控制汇率渠道和资产价格渠道后，价格粘性通过间接效应弱化了货币市场利率对银行贷款利率的传导效果，但在不同货币市场利率条件下，价格粘性的阻滞效果存在差异。在中观行业层面，随着价格粘性的提高，货币政策对行业融资的边际影响显著降低，从而弱化货币政策利率渠道的作用效果。

在识别价格粘性对信贷渠道传导产生作用的实证设计中，本书也从两个层次对其进行了检验。在检验价格粘性对银行贷款供给的影响时，我们得到货币政策信贷渠道在中国行业层面显著存在，紧缩的货币政策会抑制行业获得银行信贷，在一定程度上表明银行信贷渠道是货币政策影响行业的重要传导渠道。无论对其他传导渠道进行何种程度的控制，价格粘性均显著地增强了价格型工具对行业资金供给的作用效果，验证了行业价格粘性可以通过影响银行贷款供给这一环节强化货币政策信贷渠道的作用效果。需要强调的是，信贷渠道的作用效果取决于行业价格粘性对货币政策冲击的敏感度，在紧缩政策下，价格调整幅度越大，即粘性越小的行业，对货币政策冲击的敏感度越小。在检验价格粘性对行业外部融资的影响时，本书发现：随着货币政策的紧缩，行业融资中的外源性贷款融资占比显著降低，进而表明无论在哪一种行业，货币政策信贷渠道中的银行贷款影响企业外部融资这一环节都十分明显。价格粘性对于货币政策信贷渠道中的行业外部融资这一环节并无明显的作用效果，但对于国有股占比较大的行业则存在较大影响。因为国有股占比较大的行业很多属于产能过剩的行业，在负向政策的冲击下，行业特征使其偏离了收缩信贷、提高行业融资约束的政策意图。此外，如我们的预期，汇率渠道与资产价格渠道目前还很难成为我国的主要传导渠道。

在识别价格粘性对预期管理渠道传导产生作用的实证结果中，我们同样发现行业价格粘性的差异会显著影响预期管理的有效性。由于央行非常关注通胀预期的问题，而行业价格粘性中势必会包含关于该行业的价格信息，在一定程度上会起到改善预期管理的作用这也与我们目前的情况非常吻合，随着金融市场深度与广度的提升，央行不断提高与市场沟通的频率与深度，使得预期渠道的影响力逐步提升，对市场预期起到了良好的引导作用。一般而言，不同渠道的作用往往是同时交叉进行的，因此在预期管理的实证检验中，也考虑汇率渠道和资产价格渠道的边际影响，但都未改变我们的主要结论，说明行业价格粘性的确会对央行的预期管理产生作用。

第四，汇率渠道与资产价格渠道目前难以成为我国主要传导渠道。由于不同渠道的作用往往是同时交叉进行的，因此我们初步尝试在利率渠道与信贷渠道的检验中，控制汇率渠道和资产价格渠道的作用，结果发现在多数情况下，汇率渠道和资产价格渠道的系数鲜有通过显著性检验的情况。这也进一步证实了书中对我国目前货币金融环境的分析现状，众所周知，我国股市存在着明显的"政策市、资金市"问题。很多不合理、不成熟的交易机制侵害众多中小投资者的利益，我国机构投资者还没有成为股市上的"主力军"，众多散户投资是我国股票市场参与者与美国股市参与者的重要区别，汇率渠道传导的不确定性也有待结合国际局势做进一步考察。

# 二、政策建议

在新常态下，结构性矛盾集中表现为供给体系不能适应产业升级和消费升级的需求，习近平同志更多次强调要"加强供给侧结构性改革，着力提高供给体系质量和效率"。金融业恰好存在着成本高、效率低等问题。明确金融业在供给侧结构性改革中的新定位，"金融服务实体经济"的本质不能狭义地认为实体经济具有超主导作用，而应该明确这一金融本质背后的前提条件是遵循金融市场运行规律，扩大金融的有效供给，而不是继续抑制金融要素的供给。从我国过去的实践来看，部分领域忽视资金价格与成本，形成大量产能过剩与库存，给我国经济运行带来了沉重负担，不难说这与扭曲的金融无效供给密切相关。供给侧结构性改革就是通过重新改变资源的配置来提升效益，关注由需求侧"原动力"引发的供给侧响应、适应机制。因而，从供给角度考察货币政策的传导机制至关重要。为此，我们不仅要从源头上引导金融资源流向重点领域与薄弱环节，畅通信贷资金传导渠道，还要对货币政策定向调控过程中的影响因素进行探讨与评估。

总体而言，本书发现货币政策银行信贷渠道确实对特定信贷调控具有长期的真实效应，而这不同于货币政策仅具熨平短期经济波动功能的传统标准理论观点，具有比较重要的政策建议。

第一，继续完善结构性货币政策工具体系。这是 2020 年中国人民银行坚持在做的事情，坚持金融服务实体经济的根本任务，不断探索与完善结构性货币政策工具体系，加强结构性货币政策运用，精准滴灌、加大金融支持力度。货币政策具有总量需求调节功能，同时也具有供给效应，在支持我国经济结构调整上发挥了重要作用。根据研究发现，不同类型的政策工具具有不同的结构调控效果，无论是传统货币政策工具，还是结构性政策工具，都具有行业结构调控功能，这不仅被实践证实，而且也获得与主流货币经济学理论逻辑相一致的解释。这为通过完善和创新分类调控政策思路，实现灵活精准、合理适度的货币政策操作路径提供了政策启示，通过创新货币政策调控方式以更好地贯彻党的十九大提到的供给侧结构性改革，促进经济高质量发展。

此外，针对目前我国小微、"三农"等需要重点扶持但获得金融供给不足的领域，要继续加大实施普惠金融定向降准，释放大量长期资金用于支持普惠金融领域的相关贷款。对金融的供给侧进行改革，需要高度匹配的金融结构与经济结构。农村商业银行等中小金融机构也要实施降准，或者直接创设普惠小微企业贷款延期支持工具，做到资金真正下沉到位。通过合理布局金融机构的地点与区域，能够满足更多中小型金融机构定位于微型金融服务的要求。构建有差异的银行体系和信贷市场，在适度的范围内，对表外融资给予一定的空间，缓解民企的融资压力。通过各种创新举措，提高政策的"直达性"，加大银行等金融部门对民营企业的支持力度。

第二，在重视货币政策发挥结构性调整功能的同时，要明确价格粘性的重要作用。正如前文所述，货币政策能否转型成功和货币政策的传导机制顺畅与否紧密相连。当下货币政策传导机制不甚顺畅的一个重要原因就是结构性问题，总体流动性相对充裕却出现"结构性流动缺口"，实体经济系统内金融资源配置时也会存在"行业偏好"或"行业歧视"，最终极易导致金融资源配置低效。本书从行业价格粘性异质性的角度给出解释，货币政策传导渠道的作用效果取决于行业价格粘性对货币政策冲击的敏感度，在紧缩政策下，粘性越小的行业对货币政策冲击的敏感度越小。行业价格粘性越强，货币资金进入该行业的难度将明显增大，这一有趣发现与我国目前的情况很贴合。根据前文以价格调整周期为测算指标对我国行业粘性的测算，粘性较小的行业就涵盖了钢铁、煤炭、石化、有色、房地产等产能存在过剩的行业。这意味着在面临宽松货币政策的时候，这些行业更易进入货币资金，导致产能过剩，从货币政策传导的角度，印证了当前我国货币资源配置的行业偏好，货币政策对产能过剩行业融资能力的影响显著，这也正是我国需要通过结构性货币政策工具进行结构调整的关键缘由。

因此，在执行货币政策时要考虑货币冲击对各个行业的差异性影响。从价格粘性特征捕捉行业的实际需求，创新并灵活运用结构性货币政策工具，实现"精准滴灌"，减少结构性资金的错配。通过运用定向的结构性货币政策工具，引导信贷流向特定领域、行业和区域，提高政策的"直达性"。这种充分考虑行业异质性与非全局性的货币政策很可能是未来疏通货币政策传导机制、提高金融服务实体经济效率、促进产业结构转型的关键。具体做法上，一方面，央行可以根据各行业的价格变动特征，配套出台相关的价格调整政策，使信贷资金真正进入实体经济需要加杠杆的企业部门或行业。尤其是一些价格调整期过长,资金很"不情愿"进入,但又属于应该大力发展的新兴产业,更应该做好配套政策。满足这样特征的民营、中小企业,是最需要货币政策进行"精准滴灌"的。另一方面,由于央行非常关注通胀预期的问题,对于价格信息的沟通非常频繁,从《货币政策执行报告》中关于价格信息的词频数量就可以真实反映出来。行业价格粘性中也势必包含大量关于该行业的价格信息,因此,货币当局可以在未来的信息监测中着重关注各个行业的价格粘性特征,更多提及关于行业价格的预期管理很可能有助于提高政策传导的效果。

第三,构建以政策利率为中介目标的货币政策框架。中国货币政策通过债券市场的传导功能虽然已具备,但短期利率向债券收益率的传导效率仍然较弱,这源于我国市场化基准利率体系和传导机制尚未构建完整框架。当前我国尚未官宣短期基准利率,货币市场利率之间关联性较高,而且和其他市场的短期利率也保持着高度相关,但货币市场利率与中长期利率之间的传导并不顺畅,关联度大幅下降,尤其是贷款市场利率受到的影响很小。2013 年,贷款利率管制放开,但存贷款基准利率不是间接引导市场流动性,而是直接由央行进行决策,央行充当定价权角色。价格型货币政策体系还未完全建立,官定基准利率很难联动影响其他市场利率跟随变化。

继续坚持深化利率市场化改革之路,尽快统一我国债券市场。利率市场化是我国近年来一直在进行的重要发展任务,且利率市场化是货币政策实现有效传导的基础,可以帮助实现多个交易市场的价格联动。只有当我国形成以基准利率为中心的完整利率体系时,货币政策才能更有效地发挥其调控功能。当然,利率市场化正推动货币政策从数量调节为主转向价格调节为主,打造合适的政策利率至关重要。价格调节的核心是利率,市场操作的中间目标则是政策利率。中国人民银行在打造政策利率的进程中,首先要把银行间短期回购利率打造成市场化的政策利率。7 天回购和 14 天的回购/逆回购是目前使用最频繁的公开市场操作工具,是未来我国政策利率的首选。此外,我国国债市场尚不统一,很多制度还并不完善,即使央行对基准利率进行调整也很难快速有效地作用于市场交易。我国债券主要在银行间市场流通，但由于市场之间的债券流动性较差，很难实现跨市场交易，导致市场基准利率无法有效进入交易所市场，目前亟待完善国债市场。

第四，转型过程中，混合型货币政策工具的使用是过渡之选。货币政策转型的重点是提高利率传导渠道的有效性，使价格型货币政策工具更加有效地传导至其他金融市场，实现对经济的有效调控。无论哪一种政策工具，都存在一定的时滞，央行短端潜在政策目标利率的调整不会引发中长期利率的同步变化。在完善价格型货币政策工具的过程中，也要考虑货币政策工具之间的联动性，避免出现割裂的单一调控现象。一方面，提高价格型工具的调控需要借助数量型工具的补充和强化；另一方面，数量型工具也需要价格型调控的配合，如果利率水平偏离均衡太远，数量型调控的难度也随之增大，政策的有效性会受到制约。

第五，避免货币总量在传导过程中发生下沉。实证分析中，我们发现下调法定存款准备金率并不能迅速引导短期利率下行，存在滞后作用。这源于货币总量在银行信贷与资本市场的传导过程中长期沉淀，从而严重阻滞货币政策的有效发挥。若想疏通传导路径，发挥货币政策的调控效果，必须要抑制"货币的吸附与沉淀"。大量新增货币进入流通后并没有通过信贷方式与直接融资的方式进行生产资源的配置，而是被商业银行体系吸附在资本市场中沉淀，未进入生产、流通和消费等实体经济领域，产生货币吸附。由于市场发育和投资主体行为不成熟，尤其体现在公司募集资金后以委托经营的方式流回二级市场，进行金融资产的投资和炒作，致使资本市场的货币资金难以转化，新增货币都留在了资本市场，也未能成功进入实体经济，产生货币沉淀，加剧生产资金与信贷资金向虚拟资本转移，进而导致货币政策传导的阻滞。

第六，继续加强预期管理，提高政策透明度。2008 年全球金融危机以来，前瞻性指引作为预期管理的手段，在欧美国家发挥了重要作用。我国货币政策有效性已大幅下降，更要重视预期管理。无论从研究结论还是从预期管理的实践来看，央行以沟通为主要途径的预期管理可以通过信息快速传播的特点，影响公众预期，实现政策目标。保持预期渠道的畅通，关键在于央行与市场继续保持积极深入的沟通。"去杠杆"加"强监管"是当下市场的主基调，央行要强化与市场的沟通，及时回应金融市场上存在疑虑的问题。2018 年开始，央行在防范化解金融风险的过程中，领导发言、预测数据以及各种"吹风"会议次数的大幅增加，都体现出央行不断加大与市场沟通的频率与深度，坚持做到与公众建立良好沟通，预期管理手段从现有的实践经验上看，对畅通传导机制作用非常明显。

# 参考文献

［1］Agénor P R, Montiel P J. Development Macroeconomics ［M］. New Jersey: Princeton University Press, 2015.

［2］Altissimo F, Bilke L, Levin A, et al. Sectoral and Aggregate Inflation Dynamics in the Euro Area ［J］. Journal of the European Economic Association, 2006 (2 – 3): 583 – 593.

［3］Altissimo F, Mojon B, Zaffaroni P. Can Aggregation Explain the Persistence of Inflation? ［J］. Journal of Monetary Economic, 2009 (56): 231 – 241.

［4］Alvarez L J, Dhyne E, Hoeberichts M, et al. Sticky Prices in the Euro Area: A Summary of New Micro – evidence ［J］. Journal of the European Economic Association, 2006 (2 – 3): 575 – 584.

［5］Alvarez L J, Pablo B. Is a Calvo Price Setting Model Consistent with Micro Price Data? ［J］. Journal of Macroeconomics, 2010 (1): 1 – 23.

［6］Atuk O, Ozmen M U, Sevinc O. Treatment of Seasonal Products and CPI Volatility ［J］. Central Bank Review, 2013 (1): 51 – 82.

［7］Balke N S, Wynne M A. The Relative Price Effects of Monetary Shocks ［J］. Journal of Macroeconomics, 2007 (1): 19 – 36.

［8］Barth M J, Ramey V. The Cost Channel of Monetary Transmissions ［R］. University of California at San Diego, Economics Working Paper Series, 2000.

[9] Bernanke B S, Gertler M. Inside the Black Box: The Credit Channel of Monetary Policy Transmission [J]. Journal of Economic Perspectives, 1995 (4): 27 –48.

[10] Bernanke B S. Reflections on the Yield Curve and Monetary Policy [R]. 2006.

[11] Bils M, Klenow P J. Some Evidence on the Importance of Sticky Prices [J]. Journal of Political Economy, 2004 (5): 947 –985.

[12] Blindera A, Ehrmann M, Haan J D, et al. Necessity as the Mother of Invention Monetary Policy after the Crisis [R]. DNB Working Papers, 2016.

[13] Boivin J, Giannoni M P, Mihov I. Sticky Prices and Monetary Policy: Evidence from Disaggregated US Data [J]. American Economic Review, 2009 (1): 350 –384.

[14] Borraz F, Zipitría L. Retail Price Setting in Uruguay [J]. Economía Journal, 2012 (12): 77 –109.

[15] Bouakez H, Cardia E, Ruge – Murcia F J. The Transmission of Monetary Policy in a Multisector Economy [J]. International Economic Review, 2009 (4): 1243 –1266.

[16] Bouakez H, Cardia E, Ruge – Murcia F. Sectoral Price Rigidity and Aggregate Dynamics [J]. European Economic Review, 2014 (65): 1 –22.

[17] Calvo G A. Staggered Prices in a Utility – maximizing Framework [J]. Journal of Monetary Economics, 1983 (3): 383 –398.

[18] Carvalho C. Heterogeneity in Price Stickiness and the Real Effects of Monetary Shocks [J]. The Berkeley Electronic Journal of Macroeconomics, 2006 (1): 1 –58.

[19] Christiano L J, Martinand Eichenbaum, Evans C L. Monetary Policy Shocks: What Have We Learned and to What End? [A] //Jaylor J B, Woodford M. Handbook of Macroeconomics, Volume 1A. New York: Elsevier Science, 1999.

[20] Dedola L, Lippi F. The Monetary Transmission Mechanism: Evidence from

the Industries of Five OECD Countries ［J］. European Economic Review, 2005 (6):
1543 – 1569.

[21] Dhyne E, Alvarez L J, Bihan H L, et al. Price Changes in the Euro Area
and the United States: Some Facts from Individual Consumer Price Data ［J］. Journal
of Economic Perspectives, 2006 (2): 171 – 192.

[22] Diebold F X, Rudebusch G D, Aruoba S B. The Macroeconomy and the
Yield Curve: A Dynamic Latent Factor Approach ［J］. Journal of Econometrics, 2006
(131): 309 – 338.

[23] Elbourne A, Haan J D. Financial Structure and Monetary Policy Transmission
in Transition Countries ［J］. Journal of Comparative Economics, 2006 (1):
1 – 23.

[24] Eser F, Schwaab B. Evaluating the Impact of Unconventional Monetary Policy
Measures: Empirical Evidence from the ECB's Securities Markets Programme ［J］.
Journal of Financial Economics, 2016 (1): 147 – 167.

[25] Gagnon E. Price Setting during Low and High Inflation: Evidence from
Mexico ［J］. The Quarterly Journal of Economics, 2009 (3): 1221 – 1263.

[26] Gali J, Gertler M. Inflation Dynamics: A Structural Econometric Analysis
［J］. Journal of Monetary Economics, 1999 (2): 195 – 222.

[27] Glatzer E, Rumler F. Price Setting in Austria before and after the Euro Cash
Changeover: Has Anything Changed in the Last Five Years? ［J］. Monetary Policy and
the Economy, 2007 (1): 1 – 31.

[28] Golosov M, Lucas R E. Menu Costs and Phillips Curves ［J］. Journal of
Political Economy, 2007 (2): 171 – 199.

[29] Gopalan S, Rajan R. Does Foreign Bank Entry Affect Monetary Policy Effectiveness?: Exploring the Interest Rate Pass – Through Channel ［R］. HKUST Institute for Emerging Market Studies, 2015.

[30] Gopinath G, Rigobon R. Sticky Borders ［J］. The Quarterly Journal of

Economics, 2008 (2): 531 – 575.

[31] Gorodnichenko Y, Sheremirov V, Talavera O. The Responses of Internet Retail Prices to Aggregate Shocks: A High – frequency Approach [J] . Economics Letters, 2018 (164): 124 – 127.

[32] Haan L D, Sterken E. Capital Structure, Corporate Goverance, and Monetary Policy: Firm – Level Evidence for the Euro Area [J] . WO Research Memoranda, 2000 (2): 38 – 41.

[33] Hanisch M. The Effectiveness of Conventional and Unconventional Monetary Policy: Evidence from a Structural Dynamic Factor Model for Japan [J] . Journal of International Money and Finance, 2017 (70): 110 – 134.

[34] Kaplan S N, Zingales L. Do Investment – Cash Flow Sensitivities Provide Useful Measures of Financing Constraints? [J] . Quarterly Journal of Economics, 1997 (1): 169 – 215.

[35] Karras G. Openness and the Effects of Monetary Policy [J] . Journal of International Money and Finance, 1999 (1): 13 – 26.

[36] Kashyap A K, Stein K. What Do a Million Observations on Banks Say about the Transmission of Monetary Policy? [J] . American Economic Review, 2000 (3): 407 – 428.

[37] Kashyap A K. Sticky Prices: New Evidence from Retail Catalogues [J] . The Quarterly Journal of Economics, 1995 (110): 245 – 274.

[38] Kaufmann S, Scharler J. Financial Systems and the Cost Channel Transmission of Monetary Policy Shocks [J] . Economic Modelling, 2009 (1): 40 – 46.

[39] Klenow P J, Kryvtsov O. State – Dependent or Time – Dependent Pricing: Does It Matter for Recent US Inflation? [J] . The Quarterly Journal of Economics, 2008 (3): 863 – 904.

[40] Klenow P J, Malin B A. Micro – Economic Evidence on Price – Setting [J] . Handbook of Monetary Economics, 2010 (3): 231 – 284.

[41] Korobilis D. Assessing the Transmission of Monetary Policy Using Time – Varying Parameter Dynamic Factor Models [J]. Oxford Bulletin of Economics and Statistics, 2013 (2): 157 – 179.

[42] Leith C, Malley J. A Sectoral Analysis of Price – Setting Behavior in US Manufacturing Industries [J]. The Review of Economics and Statistics, 2007 (2): 335 – 342.

[43] Mackowiak B, Moench E, Wiederholt M. Sectoral Price Data and Models of Price Setting [J]. Journal of Monetary Economics, 2009 (56): S78 – S99.

[44] Mackowiak B, Smets F. Evidence on Price Determination: Implications of Microeconomic Price Data for MacroeconomicModels [A] //Jeff F, Yolanda K K, Jane S L, et al. Understanding Inflation and the Implication for Money Policy: A Phillips Curve Retrospective. Massachusetts: MIT Press, 2009.

[45] Mishkin F S. Monetary Policy Strategy: Lessons from the Crisis [R]. 2011.

[46] Modigliani F, Sutch R. Innovations in Interest Rate Policy [J]. The American Economic Review, 1966 (1/2): 178 – 197.

[47] Morris S, Shin H S. Coordinating Expectations in Monetary Policy [A] // Central Bank as Economic Institutions. Massachusetts: Edward Elgar Publishing, 2008.

[48] Morris S, Shin H S. Social Value of Public Information [J]. American Economic Review, 2002 (5): 1521 – 1534.

[49] Nakamura E, Steinsson J. Five Facts about Prices: A Reevaluation of Menu Cost Models [J]. Quarterly Journal of Economics, 2008 (4): 1415 – 1464.

[50] Nakamura E, Steinsson J. Monetary Non – Neutrality in a Multisector Menu Cost Model [J]. Quarterly Journal of Economics, 2010 (3): 961 – 1013.

[51] Neely C J. Unconventional Monetary Policy Had Large International Effects [J]. Journal of Banking and Finance, 2015 (3): 101 – 111.

［52］Williams N. Comment on："Monetary Policy under Financial Uncertainty" by Noah Williams ［J］. Journal of Monetary Economics，2012（5）：466 – 467.

［53］Ravenna F，Walsh C E. Optimal Monetary Policy with the Cost Channel ［J］. Journal of Monetary Economics，2006（2）：199 – 216.

［54］Seelig S A. Rising Interest Rates and Cost Push Inflation ［J］. The Journal of Finance，1974（4）：1049 – 1061.

［55］Sims C A. Interpreting the Macroeconomic Time Series Facts：The Effects of Monetary Policy ［J］. European Economic Review，1992（5）：975 – 1000.

［56］Smets F，Wouters R. An Estimated Stochastic Dynamic General Equilibrium Model of the Euro Area ［J］. Journal of the European Economic Association，2003（5）：1123 – 1175.

［57］Tillmann P. The Time – varying Cost Channel of Monetary Transmission ［J］. Journal of International Money and Finance，2009（6）：941 – 953.

［58］Tooke T. An Inquiry into the Currency Principle ［M］. London：Longman，Brown，Green，and Longmans，1844.

［59］Woodford M. Central Bank Communication and Policy Effectiveness ［R］. 2005.

［60］Zaffaroni P. Contemporaneous Aggregation of Linear Dynamic Models in Large Economies ［J］. Journal of Econometrics，2004（120）：75 – 102.

［61］蔡晓陈. 中国价格粘性的实证研究 ［J］. 中国经济问题，2012（6）：33 – 39.

［62］晁江锋. 新凯恩斯经济视角下巨灾风险的经济效应及传导机制研究 ［J］. 财贸研究，2019（1）：36 – 46 + 90.

［63］陈梦涛，王维安. 我国非常规货币政策机理及政策效果研究 ［J］. 华东经济管理，2020（8）：1 – 16.

［64］戴金平，刘东坡. 中国货币政策的动态有效性研究：基于 TVP – SV – FAVAR 模型的实证分析 ［J］. 世界经济研究，2016（12）：12 – 24.

［65］丁志国，徐德财，陈浪南．利率期限结构的动态机制：由实证检验到理论猜想［J］．管理世界，2014（5）：36－51．

［66］杜海韬，邓翔．部门价格动态、特质冲击与货币政策：基于结构动态因子方法［J］．经济研究，2013（12）：93－105．

［67］冯明，伍戈．定向降准政策的结构性效果研究：基于两部门异质性商业银行模型的理论分析［J］．财贸经济，2018（12）：64－81．

［68］郭豫媚，戴赜，彭俞超．中国货币政策利率传导效率研究：2008－2017［J］．金融研究，2019（12）：37－54．

［69］郭豫媚，周璇．央行沟通、适应性学习和货币政策有效性［J］．经济研究，2018（4）：77－91．

［70］郝冬冬，王晓芳，郑斌．数量调控还是价格调控：新常态下货币政策调控方式选择研究［J］．财贸研究，2018（6）：5．

［71］何德旭，余晶晶．中国货币政策传导的现实难题与解决路径研究［J］．经济学动态，2019（8）：23－41．

［72］侯成琪，龚六堂．部门价格粘性的异质性与货币政策的传导［J］．世界经济，2014（7）：23－44．

［73］侯成琪，龚六堂．食品价格、核心通货膨胀与货币政策目标［J］．经济研究，2013（11）：27－42．

［74］黄滕，金雪军．吉利数字偏好、尾数定价与价格粘性：来自互联网的证据［J］．财贸经济，2014（12）：121－132．

［75］黄新飞，陈思宇，李腾．我国零售商品价格行为研究：来自长三角15个市超市的微观证据［J］．管理世界，2014（1）：8－15．

［76］黄志刚．价格非平衡变化的机理：一个新凯恩斯主义的解释［J］．南方经济，2010（4）：52－64．

［77］贾康．中国供给侧结构性改革中创新制度供给的思考［J］．区域经济评论，2016（3）：5－7．

［78］姜婷凤，汤珂，刘涛雄．基于在线大数据的中国商品价格粘性研究

[J]．经济研究，2020（6）：56－72.

[79] 金雪军，黄滕，祝宇．中国商品市场名义价格粘性的测度 [J]．经济研究，2013（9）：85－98.

[80] 李宏瑾．利率并轨、风险溢价与货币政策传导 [J]．经济社会体制比较，2020（5）：39－48.

[81] 李艳丽．价格型货币政策中介目标向国债收益率曲线传导有效性研究 [J]．国际金融研究，2018（11）：25－34.

[82] 林朝颖，黄志刚，杨广青，等．基于企业视角的定向降准政策调控效果研究 [J]．财政研究，2016（8）：91－103.

[83] 刘达禹，赵婷婷，刘金全．我国价格型与数量型货币政策工具有效性的实时对比及其政策残余信息估计 [J]．经济学动态，2016（10）：63－75.

[84] 刘金全，石睿柯．利率双轨制与货币政策传导效率：理论阐释和实证检验 [J]．经济学家，2017（12）：66－74.

[85] 刘金全，徐宁，刘达禹．资产价格错位与货币政策规则：基于修正 Q 理论的重新审视 [J]．国际金融研究，2017（5）：25－35.

[86] 刘伟．经济发展的特殊性与货币政策的有效性 [J]．经济研究，2011（10）：20－21.

[87] 陆旸．成本冲击与价格粘性的非对称性：来自中国微观制造业企业的证据 [J]．经济学（季刊），2015（1）：623－650.

[88] 马骏，施康，王红林，等．利率传导机制的动态研究 [J]．金融研究，2016（1）：31－49.

[89] 马骏，王红林．政策利率传导机制的理论模型 [J]．金融研究，2014（12）：1－22.

[90] 马理，潘莹，张方舟，等．定向降准货币政策的调控效果 [J]．金融论坛，2017（2）：48－57＋82.

[91] 马理，尤阳．货币政策传导路径阻滞与对策建议：基于欧洲央行影子利率的数据检验 [J]．国际金融研究，2019（6）：14－25.

［92］欧阳志刚，薛龙．新常态下多种货币政策工具对特征企业的定向调节效应［J］．管理世界，2017（2）：53－66.

［93］彭俞超，方意．结构性货币政策、产业结构升级与经济稳定［J］．经济研究，2016（7）：29－42.

［94］渠慎宁，吴利学，夏杰长．中国居民消费价格波动：价格粘性、定价模式及其政策含义［J］．经济研究，2012（11）：88－102.

［95］饶品贵，姜国华．货币政策、信贷资源配置与企业业绩［J］．管理世界，2013（3）：12－22＋47.

［96］盛松成，吴培新．中国货币政策的二元传导机制［J］．经济研究，2008（10）：37－51.

［97］苏梽芳，陈昌楠．我国居民消费价格粘性及其与部门通货膨胀惯性关系［J］．经济学动态，2014（10）：47－57.

［98］隋建利，刘金全，庞春阳．基于太阳黑子冲击视角的中国货币政策有效性测度［J］．管理世界，2011（9）：40－52.

［99］索彦峰，范从来．货币政策能够影响贷款供给吗？：来自银行资产组合行为的经验证据［J］．经济科学，2007（6）：57－65.

［100］唐清泉，巫岑．银行业结构与企业创新活动的融资约束［J］．金融研究，2015（7）：116－134.

［101］汪川．"新常态"下我国货币政策转型的理论及政策分析［J］．经济学家，2015（5）：35－42.

［102］王少平，朱满洲，胡朔商．中国CPI的宏观成分与宏观冲击［J］．经济研究，2012（12）：29－41.

［103］王胜，彭鑫瑶．不对称价格粘性下的货币政策和福利效应［J］．世界经济，2010（5）：101－117.

［104］王晓芳，郑斌．超额准备金、货币政策传导机制与调控方式转型：基于银行信贷市场的分析［J］．世界经济研究，2017（6）：61－76.

［105］王宇伟，周耿，吴瞳，等．央行的言辞沟通、实际行动与企业投资行

为 [J]．中国工业经济，2019（5）：120－137．

［106］伍戈，谢洁玉．信贷供给不足还是需求萎缩：量价组合的信号作用
[J]．金融评论，2015（6）：30－40．

［107］肖明智，谢锐．价格粘性下人民币不同升值模式对中国经济的影响研
究 [J]．财经研究，2012（2）：112－122．

［108］谢超峰．消费习惯、粘性价格与货币流通速度：基于 NK 模型的估计
[J]．南开经济研究，2015（3）：74－94．

［109］徐建炜，纪洋，陈斌开．中国劳动力市场名义工资粘性程度的估算
[J]．经济研究，2012（4）：64－76．

［110］徐亚平，李甜甜．我国货币政策预期管理的难点及完善对策 [J]．
经济纵横，2017（7）：106－111．

［111］徐亚平，宋杨．社会融资结构变化对我国货币政策传导模式的影响
[J]．财经科学，2016（8）：1－13．

［112］杨继生，向镜洁．货币传导异质性与实体经济流动性配置的"马太
效应" [J]．金融研究，2020（11）：40－57．

［113］杨熠，林仁文，金洪飞．信贷市场扭曲与中国货币政策的有效性：引
入非市场化因素的随机动态一般均衡分析 [J]．金融研究，2013（9）：1－15．

［114］杨源源，张晓林，于津平．异质性预期、宏观经济波动与货币政策有
效性：来自数量型和价格型工具的双重检验 [J]．国际金融研究，2017（9）：
25－34．

［115］姚余栋，李宏瑾．中国货币政策传导信贷渠道的经验研究：总量融资
结构的新证据 [J]．世界经济，2013（3）：3－32．

［116］叶康涛，祝继高．银根紧缩与信贷资源配置 [J]．管理世界，2009
（1）：30－36＋196．

［117］余建干．不同黏性对中国经济波动和货币政策的影响：基于贝叶斯估
计的新凯恩斯 DSGE 模型 [J]．管理科学学报，2017（4）：1－16．

［118］战明华，李帅，刘恩慧，等．利率市场化改革是否弱化了货币政策传

导的"伯南克之谜"[J].世界经济，2019（4）：103-124.

[119] 战明华，李帅，姚耀军，等.投资潮涌、双重金融摩擦与货币政策传导：转型时期货币政策的结构调控功能探究[J].金融研究，2021（3）：1-17.

[120] 战明华.金融摩擦、货币政策银行信贷渠道与信贷资源的产业间错配[J].金融研究，2015（5）：1-17.

[121] 张成思，郑宁.中国实业部门金融化的异质性[J].金融研究，2019（7）：1-18.

[122] 张龙，金春雨.数量型和价格型货币政策工具的有效性对比研究[J].中国工业经济，2018（1）：119-136.

[123] 周海赟.所有制差异、信贷传导机制与政策工具的结构效应：基于双轨制经济结构的研究视角[J].现代财经（天津财经大学学报），2019（3）：29-42.